JN087157

スキル
アカデミー
シリーズ

 歳からの

実践的
キャリアデザイン

20人の先行事例に学ぶ

株式会社スキルアカデミー
菊地克幸・小倉克夫・山岸慎司 ［著］

中央経済社

は じ め に

　将来の予測が難しい時代である。少子高齢化，IT技術の進化，グローバル化の進展などに伴い，日本社会が急激に変化している。ほとんどの企業は，この変化にどのように対応すべきか，手探りの状況である。年功賃金・終身雇用・年金制度などが崩れることに不安を感じ，成果主義や多様な働き方の導入にとまどっているビジネスパーソンも多いだろう。

　一方，医療技術などの進歩のおかげで，ヒトの寿命が延び，「人生100年時代」と言われる。この長い人生を幸せに過ごすには，一人ひとりが，自分のキャリアデザインに主体的に向き合う必要がある。

　本書は，企業でのビジネス経験が豊富なキャリアコンサルタント3名で，議論を重ねて執筆した。これまでに多くのビジネスパーソンのキャリア相談を受け，多くの方が将来の仕事や生き方に不安を抱えていることを目の当たりにしてきた。特に，30代後半から50代前半にかけてのビジネスパーソンは，職場や家庭での責任が重くなる一方で，まだ先の人生は長いため，不安や悩みが尽きない。また，各種メディアでは，若者世代の就転職について，またはシニア世代のセカンドキャリアについての記事のみが多いため，情報不足の面もある。

　そのため本書は，この中間世代のビジネスパーソンを主な対象と考える。この世代は，一般的にキャリアについて相談できる相手が少ない。また，周囲にキャリアチェンジで成功した先輩や友人のお手本（ロールモデル）もあまり存在しないため，具体的に考える材料が少ないとも思われる。

本書の特徴：
■キャリアチェンジを考え始める30代後半から50代前半のビジネスパーソンを主な対象とし，キャリアプランニングに必要な理論や方法を簡潔に学べる。
■20人のキャリアストーリーを知ることで，具体的なキャリアプランのイメージを作ることができる。

■企業の人事部，あるいはキャリアコンサルタントや産業カウンセラーなどの
　有資格者による，企業向けキャリア研修テキストとしても活用できる。

　前半の第Ⅰ部では，まず第1章で「人生100年時代に，キャリアをどのよう
に捉えるべきか」を確認する。第2章では「キャリアプランニングのフレーム
ワーク（全体像）」について，第3章では「その心構え」について，キャリア
開発の基本的な理論とともに概説する。第4章では「自分のキャリアの棚卸
し」をする実践的な方法について説明する。

　後半の第Ⅱ部では，キャリアチェンジを実践した実例を紹介する。新聞や雑
誌によくある「社会的に大成功した起業家や大企業社長」の成功談ではなく，
読者が身近に感じられる方々のキャリアストーリーである。全員が現役のビジ
ネスパーソンで，それぞれの仕事領域で大きな成功を収めている方々のリアル
な経験談である。

　第5章から第9章まで，「新卒入社企業で50歳以上まで継続」「日本企業に転
職」「外資系企業に転職」「ベンチャー企業に転職」「独立・起業を実現」の5
つのパターンで4名ずつを紹介する。最後に補論として，「今後のキャリア
ロードマップの作成方法」を説明する。

　なお，誤解なきように加えると，本書は，キャリアチェンジ（狭義には転
職）だけを勧める主旨ではない。今の仕事を継続することは，もちろん選択肢
の一つである。大切なのは，人生の中ごろで，自分の人生全体のプランを考え
ることなのである。

　全体を通して，忙しいビジネスパーソンが網羅的にキャリア理論を学び，実
践的にキャリアデザインを考えられる内容になっていると自負している。多く
の方が，充実した人生を送ることに貢献できれば，と願っている。

　2020年4月末　コロナ禍の早期終息を願いつつ

執筆者一同

もくじ

第 **I** 部

キャリアデザインを考える

　第 I 部では，キャリアデザインを実践するために知っておきたい理論と方法を紹介する。キャリア開発においてスタンダードな基本的な考え方を網羅的にカバーするとともに，筆者らの経験に基づく独自のフレームワークを加えている。

　第 1 章では，企業の寿命が30年と言われる変化の激しい時代に，個人はキャリアをどのように捉えるべきかを概観する。また歴史上の人物と著名人のキャリアチェンジ事例を参照する。

　第 2 章では，自己概念，大切にしたい価値観（キャリア・アンカー），雇用される能力（エンプロイアビリティー）といった，キャリアを考えるための基本的事項について概説する。

　第 3 章では，4M理論，動機づけ（モチベーション），転機への対処，キャリアストーリー，計画的偶発性理論といった，主に心構えに関する大切な事項を理解していただく。

　第 4 章では，能力とは何か，スキルとコンピテンシー，職務経歴のまとめかたなど，キャリアデザインのための具体的な方法について学んでいただく。

第1章

人生100年時代のキャリアプラン

> 　第1章は，山岸慎司が担当する。筆者は55歳を迎えたとき，キャリアコンサルタントの国家資格を取得した。自分の仕事キャリアの最後の15～20年間に，これまでの自分の経験を活かし，多くの方に充実した人生を送っていただくためのお手伝いをしたいと思ったからである。現在は，フリーのキャリアコンサルタントとして，社会人や大学生の就転職活動を支援したり，セミナーでキャリアデザインについて講演したりすることを仕事にしている。
>
> 　それ以前の社会人生活では，約30年間に，6つの会社（日本企業1社，外資系企業5社）で多様な仕事に携わってきた。自分は，いわゆる「キャリアアップ」を計画的に行ってきたつもりはない。会社・仕事は，必ずしもいつも順調というわけではなかった。しかし，結果として，充実した社会人生活が送ってこられたと，自分なりに満足している。これは手前味噌であるが，私が楽天的で，いつも状況に応じて，前向きかつ柔軟にキャリアを考えてきたからだと思う。
>
> 　第1章では，100年生き，そのうち60年近く働くと言われる時代の背景を知り，キャリアデザインを考える必要性を理解していただきたい。

1　100年生きる時代

　2016年に，ロンドン・ビジネススクール教授のリンダ・グラットン氏らが著わした『ライフ・シフト　100年時代の人生戦略』（東洋経済新報社，2016年）が出版された。この本は，日本だけでも30万部を超えるベストセラーになり，「人生100年時代」はキャリアを考えるキーワードになった。

　例えば，2017年9月から，首相官邸が「人生100年時代構想会議」を主導し，リンダ・グラットン教授もメンバーに名前を連ねている。厚生労働省では，この会議の中間報告として，2018年6月に「人づくり革命　基本構想」を発表し

ている。

〈厚生労働省ホームページ 「人生100年時代について」より抜粋，下線は筆者〉
■ある海外の研究では，2007年に日本で生まれた子供の半数が107歳より長く生きると推計されており，日本は健康寿命が世界一の長寿社会を迎えている。
■100年という長い期間をより充実したものにするためには，幼児教育から小・中・高等学校教育，大学教育，更には社会人の学び直しに至るまで，生涯にわたる学習が重要である。
■人生100年時代に，高齢者から若者まで，全ての国民に活躍の場があり，全ての人が元気に活躍し続けられる社会，安心して暮らすことのできる社会をつくることが重要な課題である。

　このように，「人生が100年続く前提で考える」ことは，国家の政策のベースになっている。個人としても，自分の人生は，これまで想定されていたよりも，ずっと長く継続することを前提に考えていかなければならない。

　図表1-1「日本人の平均寿命の推移」をご覧いただきたい。男性も女性も，現在の平均寿命は80歳を超えている。将来の推計は，常に前提の置き方が難しいものだが，人生を短くする主要な要因である悪性腫瘍（がん）や脳・神経系疾患（脳梗塞，アルツハイマーなど）の医薬品や治療方法が，続々と開発されつつある。また，医療技術だけでなく，栄養科学・介護・リハビリテーションなどの領域も進歩が著しい。

　皆さんの周囲でも，100歳を超える方が，あちらこちらで見られるようになったのではないだろうか。

　2017年の高齢者調査（厚生労働省）では，100歳以上の高齢者人口は全国で6万7,824人になった。100歳以上人口は1963年にはわずか153人，1981年でも1,000人を少し超える程度だった。1998年に1万人を突破して話題になったが，それから約20年で6.7倍に増えたことになる。

　筆者の経験でも，徳島県の親せきは105歳，熊本県の親せきは101歳で天寿を全うした。最寄り駅近くの写真店で証明写真を撮影してくれたおじいさんが，100歳と聞いて驚いたこともある。私が子ども時代には，周囲で80歳を超える

人も珍しかったのに，実に大きな変化を感じる。

　ここで，クイズを1つ。

　「皆さんご存知のサザエさんのお父さん，磯野波平さんは何歳か知っていますか？」

　髪の毛が少なく，よく着物を着ているあのお父さんである。正解は，なんと驚きの「54歳」。おそらく，現在のテレビ視聴者の大多数が思っているよりかなり若いのではないだろうか。サザエさんが全国的になった1960年頃（昭和30年代）の日本では，一般の企業の定年が55歳，男性の平均寿命が約65歳であった。波平さんは，定年間近の典型的なサラリーマン，というキャラクター設定であった。筆者が想像するにもう少しで定年を迎え，囲碁や釣りを楽しむ悠々自適の生活を送り，おそらくあと10年程度で寿命を迎えるのであろう。

　つまり昭和後半のサラリーマンは，会社に身をゆだねていれば，キャリアチェンジを考える必要もあまりなく，幸せな人生を送れたのである。一方，現在のサラリーマンは，55歳からまだ40年以上もの人生の時間が残されている。

図表1-1　日本人の平均寿命の推移

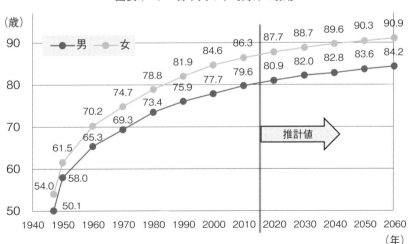

出所：1950年及び2011年は厚生労働省「簡易生命表」
　　　1960年から2010年までは厚生労働省「完全生命表」
　　　2020年以降は，国立社会保障・人口問題研究所「日本の将来推計人口」から編集

100年近くの人生を充実させるため，自分のキャリアを，適切なタイミングで，深く考えていく必要がある。

さて，本書のポイントは，以下の3点である。

- 主にキャリアチェンジを考え始めるビジネスパーソンを対象に，必要な事項を簡潔に学べる。
- キャリアプランニングのフレームワークや能力開発について，実践的に学べる。
- 多くの成功事例を参照することで，具体的なキャリアプランのイメージをつくることができる。

忙しいビジネスパーソンが，通勤などの限られた短い時間で，網羅的に学べるテキストになっていると自負している。また，キャリアコンサルタントや産業カウンセラーなどの資格を有する方による企業向け研修テキストとしても，大いに活用していただきたい。

2 企業の寿命は30年

人の寿命が100年になる一方で，技術や社会の変化は早く，企業・職業の寿命は短くなった。

変化の激しいVUCAの時代

図表1-2をご覧いただきたい。VUCA（ブーカ）は，1990年代後半に米国で軍事用語として使われ始め，2010年代になって，ビジネスでも使われるようになった。1990年以前の戦争は，国と国との戦いであった。両国の本部が作戦を立案し，現場の軍隊が作戦を実行した。ビジネスも同様に，経営陣が戦略立案し，現場が実行した。軍隊もビジネスも組織形態はピラミッド型であり，指示命令系統がわかりやすかった。

一方，1990年代後半に台頭したアルカイダのテロ行為を，米国とアルカイダの戦争と見た場合，以前のような戦いとは根本的に異なる状況であった。アルカイダの組織は，誰がトップかよくわからず，作戦を本部が立て，現場が実行

図表1-2 VUCAの時代

Volatility	変動性
Uncertainty	不確実性
Complexity	複雑性
Ambiguity	あいまい性

- VUCAは，テロ対策に対応するために生まれた概念
- グローバル企業では，マネジメント用語として用いる
- 英国のEU離脱や米国トランプ政権の誕生が象徴的

しているわけでもない。アルカイダの思想に同調した人たちが，同時多発的に
テロを実行していた。これに対応する考え方として，VUCAという言葉が生ま
れた。

　グローバル企業では，数年前から，激しい変化に対応するための企業のマネ
ジメント会議などで，この用語を使い始めた。ビジネスでも，技術の進歩が急
速で，グローバル化が進展し，将来予測が困難になった。世界の市場は，不確
実性や不透明さを増している。企業は，この不安定な状況でも，経営判断をし
て，事業を成長させていかなければならない。そこで働く個人も，それに対応
できる能力を身につけなければ生き残れない。

　私の場合，2016年初頭に，当時勤務していたドイツ系企業のカナダで行われ
たグローバル会議で，この言葉に出会った。そのとき，進行役が挙げていた近
い将来の不確実性の要因としては，「英国のEU離脱」と「米国トランプ政権の
誕生」があった。ともに，世界各国から集まっていた参加者のほとんどにとっ
て「まさか本当に起こるとは思わない（起こってほしくない，考えたくない）
こと」であったが，その後，両方とも現実の話になってしまった。今後もこの
2つの出来事は世界を混乱に陥れるリスクをはらんでいるというエコノミスト
の声は多い。

　さらに，本書の最終稿を見直している2020年4月現在，新型コロナウイルス

禍が世界をおそっている。いつ事態が収束するか，全く予想できない。まさに誰も予測できなかったリスクが現実に起こっている。

　では，個人はVUCAの時代に，どうしたらよいのか。不確実性，不安定性が高い時代に合わせて，不確実な事象に対応できなければならない。従来どおり，決められた職務を遂行できる能力，豊富なアイデアを出す能力などに加えて，想定外の事象に対し，臨機応変に動けることが大切になる。また，個人のキャリアについても，時代の変化に対応して，柔軟に考えていくことが重要なのである。

トップ企業の変化，GAFAの台頭

　この変化の激しい時代において，世界および国内のトップ企業は大きく入れかわっている。日経ビジネス誌が，「企業にも寿命があり，優良企業の盛りは30年まで」という「企業30年説」を唱えたのは1983年のことである。当時は，かなり衝撃的に受け止められたが，現在では通説になりつつある。

　個人的経験でも，私が入社した三菱油化株式会社は，戦後間もない1956年に，当時，革新的な産業であった「石油化学」を日本で立ち上げるため，三菱グループが英国シェルグループと提携して設立された。戦後の高度成長の波に乗り，二度のオイルショックを受けながらも，日本最大の石油化学企業に発展した。私が入社した1988年には，売上高約3,500億円，高収益の超優良企業であった。

　しかし，1991年のバブル経済の崩壊により，状況は一転した。三菱グループには，戦前の「石炭化学」から発展した老舗化学企業である三菱化成株式会社があった。三菱化成は，売上1兆円規模で，石油化学にも進出し，三菱油化と競合していた。景気の悪化にともない，三菱グループ内で，三菱油化と三菱化成の2つの化学企業を保持するよりも，統合すべきという議論が起こった。その結果，1994年，三菱油化は三菱化成に吸収合併され，三菱化学株式会社となった。三菱油化の寿命は，1956年から1994年までの38年間であった。当時の私は，新入社員として入社し，人好きだった会社がなくなってしまい，非常に

残念であるとともに，「企業寿命30年説」を実感した。

　さて，2017年の世界企業の時価総額は，1位がアップルで7,940億ドル，2位はアルファベット（グーグル）の5,930億ドル，以下，3位マイクロソフト5,060億ドル，4位アマゾン4,290億ドル，5位フェイスブック4,140億ドルとなっている（S.ギャロウェイ『the four GAFA 四騎士が創り変えた世界』）。今や世界一の資産家となったビル・ゲイツが創業したマイクロソフトと，新興のIT企業4社で上位を占める。

　ちなみに，同書によれば，2006年の時価総額ランキングは，1位エクソンモービル（5,400億ドル），2位ゼネラル・エレクトリック（4,630億ドル），3位マイクロソフト（3,550億ドル），4位シティグループ（3,310億ドル），5位バンク・オブ・アメリカ（2,900億ドル）となっており，いまやこの新興IT企業4社に対抗できるのはこの4社だけということである。

　この新興IT企業4社は，グーグル（Google），アップル（Apple），フェイスブック（Facebook），アマゾン（Amazon）の頭文字をとって，GAFA（ガーファ）と呼ばれる。

　ここで紹介した2017年のトップ5社はいずれも新しく最古参のマイクロソフトでも1975年創業である。マイクロソフトが日本で一般的に広く知られたのは，1995年の「Windows95」発売からで，まだ20年余りである。GAFAに至っては，21世紀に入るまで，ほとんど誰も知らなかった。それが今や，日本企業で時価総額トップのトヨタ自動車の企業価値（1,850億ドル（2020年1月現在，World Stock Market 2000））の何倍にも成長しているのである。

　GAFAの4社については，誰もがご存知だと思うので詳細説明は割愛するが，それぞれユニークなビジネスモデルとIT技術を融合させ，大成功している。最近では，GAFAが自動車，金融，物流，リテールなど，IT業界以外の事業領域への展開を進め，既存業界の企業に大きな脅威となっている。

　参考として，図表1-3で1992年末と2016年末の世界企業の時価総額ランキングの比較を見ておこう。1992年のランキング（左側）では，トップ20社に日本企業が8社も入っていた。NTT，トヨタ自動車以外に，銀行が6行（三菱，

日本興業，住友，富士，第一勧業，三和）もある。言うまでもなく，その後は，日本企業のプレゼンス低下が著しい。ちなみに，グーグル，アマゾン，フェイスブックは，1992年時点では設立もされていない。

図表1-3 世界企業の時価総額ランキング 1992年と2016年の比較

順位	1992年末		2016年末	
	会社名	時価総額 (億ドル)	会社名	時価総額 (億ドル)
1	エクソンモービル	759	アップル	6,176
2	ウォルマート	736	アルファベット（グーグル）	5,386
3	ジェネラルエレクトリック	730	マイクロソフト	4,832
4	NTT	713	バークシャーハサウェイ	4,016
5	アルトリアグループ	693	エクソンモービル	3,743
6	AT&T	680	アマゾン・ドット・コム	3,563
7	コカコーラ	549	フェイスブック	3,324
8	パリバ銀行	545	ジョンソン&ジョンソン	3,134
9	三菱銀行	534	JPモルガンチェース	3,088
10	メルク	499	ジェネラルエレクトリック	2,795
11	日本興業銀行	465	ウェルズ・ファーゴ	2,768
12	住友銀行	455	AT&T	2,612
13	トヨタ自動車	441	テンセント	2,319
14	ロイヤルダッチ石油	436	ロイヤル・ダッチ・シェル	2,315
15	富士銀行	417	P&G	2,250
16	第一勧業銀行	417	ネスレ	2,235
17	三和銀行	379	中国工商銀行	2,234
18	BTグループ	375	バンク・オブ・アメリカ	2,233
19	P&G	364	シェブロン	2,222
20	グラクソスミスクライン	361	アリババ	2,191

出所：金融サイト「ファイナンシャルスター」から抜粋，一部改変

10年後になくなる職業

　現在50代のビジネスパーソンが社会に出た頃の日本の会社では，来客があれば「秘書（あるいは会社によりグループアシスタントと呼んだ女性社員）」がお茶を出してくれた。まだパソコンを使える人は少なく，社内文書は手書きで，重要書類は「秘書」に清書させる人も多かった。携帯電話もメールもなく，出張に出かけると，社外からの電話に対しても，「秘書」が『Aさんは出張中なので3日間は連絡がとれません』と答えればすむ，のどかな時代だった。今は

このような「秘書の仕事」は，ビジネスの効率化とIT技術の進展により，限りなく少なくなった。

2011年8月，ニューヨーク州立大学のキャシー・デビッドソン教授が，ニューヨークタイムズ紙のインタビューで，「2011年にアメリカの小学校に入学した子どもたちの65％は，大学卒業時に，今は存在していない職業に就くことになるだろう」と指摘した。これは日本でも紹介され，広く話題になった。「65％」の信憑性はともかく，過去20年に，パソコン，インターネット，スマートフォンの普及で多くの仕事が創出されたことは記憶に新しい。次の15～20年には，AI（人工知能）や自動運転に代表される技術革新によって，社会に必要とされる仕事が急速に変化していくことは確かであろう。

また，英国オックスフォード大学のマイケル・オズボーン准教授が，今後，10～20年で約半数の仕事が自動化される可能性を示した（出所：総務省平成30年版　情報通信白書）。それを受け，野村総合研究所が同氏と共同研究を行い，「人工知能やロボット等による代替可能性が高い100種の職業」を発表した（図表1‐4参照）。

この研究によると，深い知識・スキルが求められない職業や，データ分析や体系的操作が主に求められる職業は，人工知能などで代替できる可能性が高い傾向が確認できた。一方，芸術，歴史学，哲学など抽象的な概念を整理・創出するための知識が要求される職業，及び他者との協調や他者の理解，説得，交渉，サービス志向性が求められる職業は，人工知能での代替は難しい傾向があることがわかった。

2017年，日本FP協会が実施した「小学生がなりたい職業アンケート」の男子の部門では，サッカー選手，野球選手，医師などの定番の人気職業に次ぐ6位に，「ユーチューバー」がランクインして話題になった。ユーチューバーのスターであるHIKAKIN（ヒカキン）の年収は10億円とも言われる。小学生があこがれるのも，ごもっともである。

図表1-4　代替可能性が高い仕事

人工知能やロボット等による代替可能性が高い100種の職業			
(50音順，並びは代替可能性確率とは無関係)			
IC生産オペレーター	金属熱処理工	製粉工	バイク便配達員
一般事務員	金属プレス工	製本作業員	発電員
鋳物工	クリーニング取次店員	清涼飲料ルートセールス員	非破壊検査員
医療事務員	計器組立工	石油精製オペレーター	ビル施設管理技術者
受付係	警備員	セメント生産オペレーター	ビル清掃員
AV・通信機器組立・修理工	経理事務員	繊維製品検査工	物品購買事務員
駅務員	検収・検品係員	倉庫作業員	プラスチック製品成形工
NC研削盤工	検針員	惣菜製造工	プロセス製版オペレーター
NC旋盤工	建設作業員	測量士	ボイラーオペレーター
会計監査係員	ゴム製品成形工 (タイヤ成形を除く)	宝くじ販売人	貿易事務員
加工紙製造工	こん包工	タクシー運転者	包装作業員
貸付係事務員	サッシ工	宅配便配達員	保管・管理係員
学校事務員	産業廃棄物収集運搬作業員	鍛造工	保険事務員
カメラ組立工	紙器製造工	駐車場管理人	ホテル客室係
機械木工	自動車組立工	通関士	マシニングセンター・オペレーター
寄宿舎・寮・マンション管理人	自動車塗装工	通信販売受付事務員	ミシン縫製工
CADオペレーター	出荷・発送係員	積卸作業員	めっき工
給食調理人	じんかい収集作業員	データ入力係	めん類製造工
教育・研修事務員	人事係事務員	電気通信技術者	郵便外務員
行政事務員 (国)	新聞配達員	電算写植オペレーター	郵便事務員
行政事務員 (県市町村)	診療情報管理士	電子計算機保守員 (IT保守員)	有料道路料金収受員
銀行窓口係	水産ねり製品製造工	電子部品製造工	レジ係
金属加工・金属製品検査工	スーパー店員	電車運転士	列車清掃員
金属研磨工	生産現場事務員	道路パトロール隊員	レンタカー営業所員
金属材料製造検査工	製パン工	日用品修理ショップ店員	路線バス運転者

注：職業名は，労働政策研究・研修機構「職務構造に関する研究」に対応
出所：2015年NRIニュースリリース

3　60年働く時代

「マルチステージ」の人生を生き抜くためのポイント

　さて，図表1-5は，前述したリンダ・グラットン氏らの『ライフ・シフト 100年時代の人生戦略』のキャリアモデルを，日本人向けに模式化したものである。

　まず上段の「昭和時代のキャリアモデル」では，磯野波平さんに代表されるように，多くの人は20歳前後まで教育を受け，その後55歳まで30年余り働き，65〜70歳で寿命を迎えた。1つの会社，1つの職種で，あまり大きなキャリア

図表1−5　人生100年時代のキャリアモデル

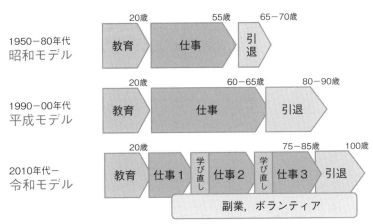

出所：リンダ・グラットン他『ライフ・シフト 100年時代の人生戦略』（東洋経済新報社，2016年）を
　　　ベースに作成

チェンジをする必要もなく，新卒で入った会社に人生を預けていれば，平均的
な幸せが手に入った時代であった。

　次の「平成時代のキャリアモデル」では，寿命が大幅に延びたため，20歳前
後までの教育の後，60〜65歳まで40年働き，長い余生を送った後，80〜90歳で
寿命を迎えるようになった。現在の中高年の多くは，年金制度が危うくなり，
定年延長や再雇用で65歳，またはさらに長く働かないといけないという不安に
駆られている。

　そして下段の次世代，「令和時代のキャリアモデル」では，前述のように，
医療，栄養，運動，リハビリなどの技術が進歩することで，平均寿命は100歳
を超えると予測される。仕事の期間も延び，20歳前後から80歳前後まで，約60
年間働くことが可能になる。

　そこで次世代のキャリアに必要なことは，途中で何度か「学び直し」をして
別のスキルを身につけ，時代のニーズに合致した仕事・職種に自分を変化させ
ていくことである。仕事をしながら副業やボランティアをすることで，次の仕
事のヒントを得たり，新しいスキルを獲得したりすることもあるかもしれない。

　リンダ・グラットン氏は，この変化を「教育⇒仕事⇒引退」の３ステージか

ら「教育⇒仕事1⇒仕事2⇒仕事3⇒仕事4⇒仕事n⇒引退」の「マルチステージ化」と述べている。

『ライフシフト』では，この「マルチステージ」の長い人生を生き抜くためのポイントを次のように整理している。

① アイデンティティー：人生が長くなり，多くのステージへの移行を経験する時代には，自分の人生全体を貫く要素（価値観，こだわり）が何かを意識的に考える必要がある。

② 無形資産：金銭的資産だけではない「3つの無形資産」の充実がカギを握る。

　　1）生産性資産—所得を得るために役立つ知識やスキル

　　2）活力資産—肉体的・精神的な健康やバランスのとれた家族・友人関係

　　3）変身資産—変化に応じて自分を変えていく力

③ リ・クリエーション（再創造）：余暇時間には，リ（レ）クリエーション（娯楽）ではなく，無形資産形成に時間を投資し，自己の再創造を行う。

④ 夫婦の役割分担：夫婦共働きの家庭が増え，いずれかが新しいステージに移る際，互いの役割を調整し，サポートし合うようになる。

つまり，1人ひとりが「人生の主人公」として60年働き，100年生きるキャリアを主体的に考えることが必要なのである。『ライフシフト』については，日本に舞台を移したマンガ版『まんがでわかるLIFE SHIFT　100年時代の人生戦略』（東洋経済新報社，2018年）も発表されている。まだ読んでいない方は，マンガ版でも良いので一読をお勧めする。

登山型からハイキング型の人生へ

日本におけるキャリア研究の権威の1人である慶應義塾大学の花田光世名誉教授は，「人生100年時代において，日本のキャリア形成は"登山型"から"ハイキング型"へ移行する」としている（図表1-6参照）。

従来の日本企業は，終身雇用，年功序列，男性中心という価値観のもとで，1つの山を全員で長期間かけて目指す「登山の論理」であった。会社はたくさ

んの階層を用意し，全員がその階層を一歩ずつ上がっていくという登山のような仕組みであった。

　会社は，社員のモチベーションを管理するため，少しでも高いポジション・資格・等級，それによる少しでも高い給与や役割を与えてきた。多くの社員は，一生を同じ会社で過ごし，社内でのキャリアアップを目指し，長時間残業や転勤もいとわないことで，この仕組みが維持されてきた。

図表1-6　登山型とハイキング型

登山型の論理	ハイキング型の論理
• 従来の日本企業の典型的な人事制度の根幹 • 全員が同一組織内で，同じ高い山へ（歯を食いしばって）登る • 細かい階層があり，階層を少しずつ，長期間で上がっていく • 少しでも高いポジション・等級を目指し，それにより少しずつ高い給与や役割が与えられる	• 今後，あるべき人事制度の考え方 • 個人のキャリアプランに合わせて，進む方向性を選べる • 組織はフラットな階層で，毎日を歩き続けながら，歩む道の変化や多様性などを愉しむ • 個々の能動的な行動や，学ぶ意識を保つことが大切

出所：慶應義塾大学　花田光世名誉教授講演（2018年12月）より抜粋，編集

　しかし，この仕組みは，会社が右肩上がりの給与や高い役割・肩書きを与えられなくなり，崩壊しつつある。今後は，昇進・昇格なしに，長い期間，特定の仕事をしっかりと行い続けることが求められる時代になってきている。つまり，よりフラットな階層の中で，毎日を歩き続けながら，自分の歩みそのものと，歩んでいる道の変化や多様性などを愉しむという「ハイキングの論理」に変わっていく。

　また，これからの日本企業は，女性，シニア，外国人，障がい者など，多様な社員が働きやすい組織に変化していく。そこでは，必ずしも全員が昇進や転勤を受け入れる必要はない。各個人が，生涯の自律的なキャリアづくりを考え

ることが重要となる。

　ハイキングを愉しむということは，決められた道を決められたスピードで，同じ目標に達するために歩かされているのではない。自分で歩む道は，現実の自然の中で，砂利道，山道，下り道，でこぼこ道などに出合いながら，道の周囲の景色や道ばたの花を愉しみ，ときにはジョギングしたり，ゆっくり歩んだり，自分のペースをコントロールして歩くのである。

　会社としては，登山の論理では，長期的にモチベーションを管理する標準的な人事施策が重要であった。一方，ハイキングの論理では，1人ひとりの個の視点に立ったキャリア開発とキャリア充実への支援が重要となる。花田教授は，個人のキャリア支援のため，企業が「セルフ・キャリアドック制度」を導入することを推奨している。

　※厚生労働省が推進する「セルフ・キャリアドック制度」については，第4
　　章で紹介する。花田教授は，セルフ・キャリアドック導入推進委員会の座
　　長である。

4　キャリアチェンジの成功事例

　次章に進む前に，歴史上の人物や著名人の中でキャリアチェンジに成功した事例を少し見ていこう。

事例1：伊能忠敬

　まず1人目は，日本地図を作成したことで有名な伊能忠敬（図表1-7参照）である。伊能は，日本全国を初めて実際に測量し，当時としては世界最高レベルの地図を完成させた。日本史の教科書に載り，誰もが知っている彼の偉業は，50歳を過ぎてからのキャリアチェンジの成果であった。

　伊能忠敬は，1745年，千葉県の名主である小関家で生まれた。1762年，17歳で酒・醤油の醸造を営む伊能家に婿養子に入り，40代まで家業に尽力した。あまり成功していなかった家業を立て直し，名主として地域経済の発展にも貢献した。今で言えば，成功したビジネスマンである。

　しかし，1790年，45歳の頃から独学で暦学を勉強し始めた。1794年，49歳で長男に家業を譲り，暦学・天文学の勉強をしたいと50歳で江戸に出て，幕府付き天文学者の高橋至時に弟子入りした。19歳も年下の師であった。

　天文観測を学ぶうち測量に興味をもち，地図作成を始めた。1800年，55歳のとき蝦夷地（北海道）へ出発した。これが第1次測量で，その後第10次測量まで，17年かけて日本全国を歩いて測量した。1816年，最後の測量が終わり，地図作成を始めた。伊能は1818年，73歳で亡くなったが，弟子たちにより，地図は1821年に完成した。

　現代より，はるかに平均寿命が短かった江戸時代に，45歳から新しい勉強を始め，大きな成功を収めた伊能忠敬の事例からは学ぶところが多い。今で言えば，定年後の65歳から新しい学問を始め，75歳から90歳代まで全国を測量したイメージであろう。情熱と強い意志，それを支える健康と体力により，高いエネルギーを維持していたのだろうか。

図表1-7　伊能忠敬

出所：千葉県香取市　伊能忠敬記念館所蔵

事例２：やなせたかし氏

　２人目は，アンパンマンの作者として知られるやなせたかし氏である。

　やなせたかし氏は，1919年，東京で生まれた。1923年，父親が東京朝日新聞の特派員として中国に渡った。しかし，その翌年，父親が中国で亡くなってしまい，母親とたかし氏と弟は，親せきを頼り高知県に移住した。

　官立東京高等工芸学校図案科（現：千葉大学工学部総合工学科デザインコース）を1939年に卒業後，田辺製薬（現：田辺三菱製薬）の宣伝部に就職するも，1941年，徴兵のため従軍。この戦争での悲惨な経験が，後にアンパンマンを発想する基盤となった。

　戦後は，三越でグラフィックデザイナーをした後，放送作家，作詞，舞台美術制作など，食べるためにキャリアチェンジを重ねた。漫画は，35歳頃から少しずつ描いていたが，当時の流行であった手塚治虫に代表される若手漫画家のストーリーものとは異なる大人向きの渋い画風のため，ほとんど売れなかった。

　放送関係者の間では「便利で有能な人」という評価であったが，若い頃からの夢は漫画家であった。いろいろな仕事で認められつつも，いつも漫画家としての自分に劣等感を抱いていた。

　転機は，60歳を過ぎてから小さい子ども向きに描き始めたアンパンマンが，少しずつ評判となったことである。1988年，69歳のとき，ついにアニメ「それいけ！アンパンマン」のテレビ放映が始まった。当初はあまり評判が高くなかったが，子どもたちと母親に受け入れられ，大ヒットになった。アンパンマンは，決してカッコ良いヒーローではないが，お腹が空いた人には自分の顔を食べさせるやさしいヒーローである。戦争中の空腹でつらい体験が，発想の原点にあるという。

　還暦過ぎに発表したアンパンマンがその代表作になり，94歳で亡くなるまで新しいキャラクターを描き続けた。単独のアニメのキャラクター数1,768体は，ギネス世界記録に認定を受けた。また，2011年の東日本大震災では，『アンパンマンのマーチ』が震災復興支援曲の１つとして脚光を浴びた。

　伊能忠敬，やなせたかし氏という著名人が続いたが，ここからはビジネス

パーソンの転身例を見てみよう。

事例3：河村幹夫氏

　河村幹夫氏は，大企業で勤務しながら著作活動を継続し，セカンドキャリアで大学教授に転身した。多くのサラリーマンがあこがれるようなキャリアを実現した人である。

　河村氏は1935年，長崎に生まれた。1958年に一橋大学を卒業後，三菱商事に入社した。ニューヨーク，ロンドンなどの勤務を経て，1990年，同社取締役に昇進したエリートサラリーマンである。

　河村氏がユニークなのは，三菱商事にサラリーマンとして勤務していたときから，シャーロック・ホームズの研究家として知られたことである。著書『シャーロック・ホームズの履歴書』が，1989年，54歳のときに日本エッセイスト・クラブ賞を受賞した。また，商社マンとしての国際経験などから「週末500時間の活用法」を提唱し，ビジネスマンの注目を集めた。

　河村氏は，激務に違いない商社マン生活の中でも，毎年500時間を捻出して，自分の専門性を高める勉強をすることを提唱している。500時間というと，毎週10時間である。週末に最低5時間，あとは通勤時間や余裕のある平日，長期休暇の組合せで，週平均10時間を確保するのだという。

　三菱商事を退社した後，1994年，多摩大学経営情報学部教授に就任し，大学教員と執筆活動で活躍した。

事例4：川淵三郎氏

　Jリーグ創設に貢献した川淵三郎氏は，日本代表のサッカー選手であったが，その後のサラリーマン生活で挫折したことをバネに51歳から転身を図り，大成功を収めた。

　1936年生まれの川淵氏は，大阪府立三国丘高校から二浪して早稲田大学に入学した。大学2年でサッカー日本代表に選出され，古河電工でサッカーを続けた。東京オリンピック（1964年）のアルゼンチン戦でゴールを決めるなど，国

際Ａマッチ24試合に出場する一流選手であった。しかし，当時のサッカーはまだアマチュアしかなく，サッカー選手を引退した後は，古河電工の監督を務めながらもサラリーマン生活を送った。

　約20年間，普通のサラリーマンとして生活し，名古屋支店金属営業部長に就任した。仕事は順調で，自分としてはその先の取締役を目指していた。しかし，1987年，51歳のとき関連会社への出向を命ぜられ，サラリーマン人生は終わったと感じた。

　大きな挫折を味わったちょうどその頃，日本サッカーリーグの総務主事としてお声がかかった。そこで，残りの人生を若い頃に世話になったサッカー界のために尽くすことを決意した。そこから，当時は人気がなかったサッカーのプロ化に向けて奔走し，1993年にＪリーグを発足させた。

　その後の日本サッカーの発展は，多くの方がご存知のとおりである。今では，サッカーは野球を凌ぐほどの人気スポーツとして定着した。Ｊリーグ発足時は夢であったワールドカップに6回連続で出場し，多くの選手が海外のプロリーグで活躍している。

　川淵氏は2015年から，分裂していたバスケットボールリーグを統合するための日本バスケットボール協会会長に就任し，Ｂリーグとして再生させた。83歳の現在は，団体球技12リーグを統括する日本トップリーグ連携機構会長として活躍している。

キャリアチェンジの5つのパターン

　著名な4人の事例を見てきたが，どのように感じただろうか。参考にはなるが，「自分からは遠い世界の人たちの成功例」と思った人も多いかもしれない。

　本書は，皆さんが身近に感じる一般的なビジネスマンのキャリアチェンジの事例を多く紹介することが特徴である。第Ⅱ部では，事例を下記の5つのパターンに分類する。5つのパターンに各4名，計20名の先行事例を紹介し，いろいろな示唆をご紹介する。

　①　日本企業で50歳以上まで勤務した後，セカンドキャリアへ

② 日本企業に転職

③ 外資系企業に転職

④ ベンチャー企業に転職

⑤ 起業，独立

ぜひ，参考にしていただきたい。

第2章
キャリアプランニングのフレームワーク

第2章は，菊地克幸が担当する。私は30年近い企業勤務のあと，キャリア支援の道に進み，約20年が経過した。現在は，1級キャリアコンサルティング技能士（国家資格）として，後進のキャリアコンサルタントの育成にも力を注いでいる。

私は，キャリアコンサルタントとして，個別コンサルティングや企業・公的機関などでのセミナーを通じ，これまで数多くのキャリア形成やキャリアチェンジを支援してきた。本書は，その経験の集大成として，ネクストキャリアを考え始める30代から40代の方々に役立つ内容としてまとめている。

第2章では，私が考えるキャリアプランニングのフレームワーク（基本的な考え方）を提示する。

1 キャリアプランニングのフレームワーク

「キャリア」とは何か

初めに，そもそも「キャリア」とは何かを確認したい（図表2-1参照）。キャリアの語源は，ラテン語の「Carraria（馬車などの乗り物が通った後，道路に残る車輪の跡），すなわち轍（わだち）」と言われている。

車のわだちから転じ，現在では，狭義には「職業，職歴，職位，職業能力」（英語ではJob）を指す。広義には「個人の人生そのもの，その表現の仕方」（英語ではWork）を指すようになった。

人は自分の将来を展望するとき，「自分は何をして来たのか」「何ができるのか」など，自分が通ってきた道（わだち）を振り返る。そして，立ち止まったところが現在であり，それが未来へと続いていく。つまり，「キャリアを考える」とは，「どのような人生を送りたいか」を考えることなのである。

図表2-1　キャリアとは何か

キャリアはラテン語の「Carraria」
馬車などの乗り物が道路に残した車輪の跡＝
轍（わだち）が語源

| 狭義 | 職業，職歴，職位，職業能力（＝Job） |
| 広義 | 個人の人生そのもの，その表現の仕方（＝Work） |

40〜45歳は人生の正午！

　次に，キャリアを考える際の「時間軸」について考えてみよう。心理学者カール・G・ユングは40歳前後を「人生の正午」と呼び，中年期の大きな転換期と位置づけた（図表2-2参照）。キャリアデザイン学の権威の１人である，神戸大学金井壽宏教授は，その著書『働くひとのためのキャリア・デザイン』（PHP新書，2002年）において，「ユングは午前の昇る太陽の勢いはすさまじいが，その勢いゆえに背景に追いやったもの，影になってしまっていたものを，しっかり統合していくのが，人生の正午以降の課題だという。正午より後には，

図表2-2　40〜45歳は人生の正午

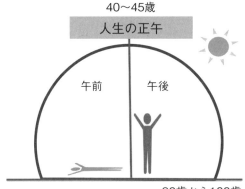

人生の正午
①日影が日なたに変わる
②風向きが変わる

ユングはライフサイクル論において40歳前後を人生の正午と呼び，午前から午後への移行は，中年期の大きな転換期で自分を見つめ直すときであり，個性化の始まりであるとした。

人生の正午は，キャリア・アンカーとエンプロイアビリティーの確認

影だったところにも光があたる。深い意味で，真の個性化は，40歳以降に始まるのである。」と紹介している。

　平均寿命が延びた今日は，「人生の正午は，40〜45歳」であろうか。人生100年時代と言われる若い世代にとっては，正午は50歳かもしれない。いずれにせよ，人生の午後に入ると，

　①　日影が日なたに変わる
　②　風向きが変わる

ようになる。

　例えば，これまでは「キャリアの積み上げ，組織の成果重視」であったが，その後は「仕事内容重視，生涯現役を目指す」など，つまり正午は「自分らしさ」を見つけていく起点であり折り返し地点なので，ここでしっかり内省してキャリアを考えれば，個性を花開かせて充実した職業人生を歩めるはずである。

　ここで大事になる概念が，「キャリア・アンカー」と「エンプロイアビリティー」である。この2つについては，それぞれ，5節と6節で詳述する。

まず意識を変える

　私は，キャリアを考える人に対し，いつも「どんな意識（心）をもつかによって，行動が変わってくる」と話している。

　図表2-3に示した言葉は，元はヒンズー教の教えと聞いた。私は30歳のときにこの言葉に出合い，とても腑に落ちるものがあった。それを自分なりにアレンジして，現在まで約40年間，年初に手帳の最初のページに書き，意識づけしている。

　私にとって"意識（心）"とは，ものごとの受け止め方であり，見方であり，そのときの感情である。

　仕事は，自分がどんな意識をもって取り組むかによって，態度が変わる。態度が変わると仕事の仕方（行動）が変わり，結果も違ってくる。意識した仕事の仕方を続ければ，確実に何かが変わる。それが習慣となる。良い習慣は，自分自身へ影響を与え，人格が変わる。良い人格（人柄）となれば，自ずとチャ

図表2-3　まず意識を変える

> 心が変われば　態度が変わる。
> 態度が変われば　行動が変わる。
> 行動が変われば　習慣が変わる。
> 習慣が変われば　人格が変わる。
> 人格が変われば　運命が変わる。
> 運命が変われば　人生が変わる。

ンス（運命）も訪れ，人生の変化につながってくる。40年近くこの言葉を実践してきて，「目的意識をもった仕事の仕方」（意識（心）→態度→行動→習慣→人格→運命→人生）が，30歳以降の転機につながっていると実感している。

人生，チャチャチャ（Cha-Cha-Cha）で行こう

また私は，Change，Chance，Challengeの頭文字をとって，「人生，チャチャチャ（Cha-Cha-Cha）で行こう」と提案している（図表2-4参照）。

図表2-4　人生，CHA-CHA-CHAで行こう

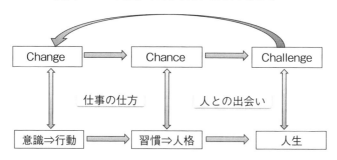

毎日の"意識"が，変化を生むきっかけをつくる（Change）。自分の意識が変わる・自分が変わることによって，日々新たな気持ちになる。自分を取り巻く環境も変わり，まわりの見方も変わってくる。そこに，いろいろな機会（Chance）が訪れる。漫然と毎日を送っていても機会は訪れない。いや，訪れ

ていても，それに気がつかない。チャンスに気づけば，あとはやってみる（Challenge）。新たな機会に挑戦する勇気も，最初の意識の持ちよう次第と言える。

キャリアプランニングにおいては，「人との出会い，仕事の仕方，意識の持ち方」によって，質と方向性が変わる。

① 人との出会い

私は「自分の意識→行動」によるChangeが，"人との出会い"を生むと考える。

どんな仕事も1人ではできない。その意味で，"キャリア"は"人との出会い"によって大きく変わると思う。明日を見る「意識」がなければ，出会いに気づかない。自ら出会いの機会をつくることは大切である。

あなたには，「キャリアの質を変えた出会い」がありましたか？

② 仕事の仕方

目的・目標をもって仕事をしてこそ，キャリアとなる。人生に無駄はないが，ただ漫然と仕事をして年月を重ねても，役に立つ"キャリア"とは言えないと私は考える。

③ 意識の持ち方

「意識の持ち方×仕事の仕方×人との出会い」がキャリアの質を高め，質の高まりから新たなキャリアの方向性が見えてくる。

職業選択の視点

次に，意識を変え，自らが変化するためのヒントである「職業選択の12の視点」を紹介する。

これは，「人生多毛作の時代」に，新しいキャリアを検討するときの考え方をまとめたものである。次の12の視点がある。

① 経験職種の延長上で考える ⇒ 社内異動，業界他社，異業界で同じ職種

② 蓄積した知識・経験の使い方（アウトプット）を考える ⇒ 教える仕事（例：研修，セミナー）

③　もっている資格の活かし方を考える ⇒ 複数の資格の組合せで可能な仕事

④　新たなスキル習得を考える ⇒ OJT，社外の学校などでのスキル獲得

⑤　総合力・人間力（人生経験・職業経験）の活かし方を考える　⇒　後進の役に立つ仕事

⑥　自分の価値観から考える ⇒ キャリアの軸（キャリア・アンカー）は何か

⑦　これまでの職業から性に合う働き方を考える ⇒ 働き方のチェンジ（ワークシフト）

⑧　興味ある仕事から考える ⇒ 以前，好きだったことに関する仕事

⑨　今の状況（ライフステージ）でできる働き方を考える ⇒ 育児，介護などとのバランス

⑩　社会貢献・社会とつながる・生涯現役という視点から考える ⇒ NPO，公的機関など

⑪　求人数の多い職種から考える ⇒ 人手不足の職種（例：IT系，介護，保育など）

⑫　市場ニーズから考える ⇒ 将来性ある業界，職種（例：ネット関連，人工知能など）

このような視点を参考に，人生の午後の時間帯のキャリアデザインを考え始

図表2-5　キャリアデザインの視点

40歳代のキャリアデザイン視点（例）	
キャリアの自立	会社任せのキャリアから自己責任のキャリアへ（自分で考え・自分で決定し・責任を取る）
キャリアの追求	より質の高いプロフェッショナルへ
キャリアの再構築	職業人生の充実
新キャリアへの挑戦	新たな可能性への挑戦

50・60歳代のキャリアデザイン視点（例）	
働きがいを高める	働くモチベーションの維持・向上
生涯現役のためのキャリア創造	やりたい仕事の実現・起業
	キャリアチェンジ
	60歳以降の適切な働き方選択

めてほしい。

　また，「40歳代」と「50・60歳代」に分けて「キャリアデザインの視点」を例示したものが図表2-5である。40歳代では「キャリアの自立」や「キャリアの追求」などが目的であるのに対し，50・60歳代では「働きがいを高める」や「生涯現役のためのキャリア創造」が目的となるのである。

2　人生100年，3つの力

「3つの力」とは

　図表2-6は，私が提唱する「人生100年時代に必要な3つの力：生きる力，生活する力，つながる力」を示したものである。

　「3つの力」とは，生きる力（健康），生活する力（自立），つながる力（交流）のことである。この3つの力のバランスが生活の質を高めていくはずであ

図表2-6　人生100年時代に必要な，3つの力

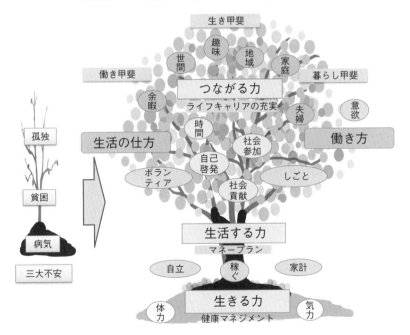

る。「3つの力」を樹木に例えると，生きる力は「根」，生活する力は「幹」，つながる力は「枝葉」と言える。

40歳代からは根をしっかり張る（生きる力），幹を太くする（生活する力），枝葉を伸ばし，人脈や社外での活動を広げる（つながる力）を意識することをお勧めする。「3つの力」は，50歳代・60歳代と年を重ねるうえでの重要な要素でもあり，これからの職業人生で起こるだろうさまざまな節目の支えになるはずである。

1）　生きる力：健康マネジメントの視点

　良い土壌がないと根は伸びない。生活習慣を見直して土壌を改良し，そこに栄養（食事・睡眠・運動）を届けることで，しっかりとした根を張ることができる（図表2-7参照）。

　「Health（病気でない）より，Wellness（健康づくり）」と言われるように，心身の健康は生きていく土台である。そのためには，次の5つの健康マネジメントが重要である。①就労の視点，②ストレスコントロールの視点，③生活習

図表2-7　生きる力：健康マネジメントの視点

就労からみた健康マネジメント	・体力・気力・意欲の維持 ・キャリアチェンジには，「できる・しよう・したい」が大事
ストレスからみた健康マネジメント	・適度なストレスは，人生のスパイス。精神的に作用して活動を活発化させる ・過度なストレスで心身のバランスを崩すと「うつ病」になりやすい
生活習慣からみた健康マネジメント	・禁煙，アルコールは控えめに ・規則正しい食事，運動，睡眠は，健康の基本
加齢からみた健康マネジメント	・華麗なる加齢 ・高齢者でなく幸齢者・好齢者・耕齢者 ・老化は生活環境によって変わる
セカンドライフからみた健康マネジメント	・社会性の維持：地域・社会とつながる⇒外に出る ・社会の一員としての役割 ・社会人として生涯現役

生きる力

Health（病気でない）より
Wellness（健康づくり・健康充実感）

慣の視点，④加齢の視点，⑤セカンドライフの視点である。特に加齢の視点では，シニアに向け単に高齢者になるのではなく，齢を重ねるごとに幸せが増す「幸齢者」，いつも好感度のある「好齢者」，生涯自分を耕し続ける「耕齢者」を目指してほしい。

2)　生活する力：自立の視点

　"人生の午後"は，次の「3つの自立」に目を向けるときでもある。この機会に「生活する力」を3つの視点から再構築することをお勧めする（図表2-8参照）。

　まず生活を維持するための収入の確保，現状の稼ぐ力と50歳代以降も見据えた経済的自立（マネープラン）の視点が重要である。次に，精神的自立。これは，会社という競争社会を生きる精神的な強さやしなやかさ，自分で判断して行動に移せる自律と自立である。精神的な自立も意識して取り組まないと自己概念までもが崩れてしまいかねない。最後に，日常生活の自立。シニアになる前に，1人で身の回りのことをこなせるようにしておきたい。

図表2-8　生活する力：自立の視点

3つの自立の視点	
経済的自立	・生活資金の確保＝稼ぐ力＝ ・マネープラン
精神的自立	・精神的な強さ ・自分で決められ（自律），自分で行動（自立）できる
日常生活の自立	・1人で身の回りのことができ日常生活が送れる 　＝掃除，洗濯，料理等の能力＝

生活する力

3）　つながる力：生活の質の視点

　「つながる力」は生活の質を高めるためには欠かせない要素である（図表2-9参照）。つながる力は意識しないと維持できないし，だんだんと弱くなる。特に30代後半から40代で蓄積されたつながりはシニアに向けた財産にもなる。そのためには時間の使い方が大切である。自分，夫婦，家族，仲間，地域，余暇，自己啓発，仕事の8つについて，バランスのよい時間の使い方を考えよう。「時間こそ，人生をつくる材料だ」（ベンジャミン・フランクリン）。

3つの力を引き出すには

　生きる力，生活する力，つながる力の3つを引き出すには，心・体・生活スタイル・働く意欲・働き方の5つについて，以下のリセットが必要である。下記は，私がシニア向けセミナーなどで話す内容であるが，キャリアチェンジを実行する際には，30代，40代でも共通である。

　①　心のリセット：

　　　終わったことを引きずらない，過去にこだわらない ⇒ 気持ちを切り替える

図表2-9　つながる力：生活の質の視点

つながる力		時間の使い方が大事	
家族・夫婦のつながり		自分だけの時間	地域との時間
仕事でつながる		夫婦の時間	余暇の時間
仲間とつながる		家族との時間	自己啓発の時間
学び・趣味でつながる		仲間との時間	仕事の時間
社会・地域とつながる			

生活の充実

「時間の使い方」を真剣に考えている人は少ない。それは，時間がタダで与えられているからだ。（本田宗一郎）
時間こそ，人生をつくる材料だ（ベンジャミン・フランクリン）

② 体のリセット：

　働ける体を維持する（体力維持）⇒ 毎日同じ時間に起き，生活のリズ
ムをつくる（健康管理）

③ 生活スタイルのリセット：

　自分の役割や収入に合わせた生活スタイルの再構築 ⇒ ライフステージ
によって「役割・生活の仕方」が変わる

④ 働く意欲のリセット：

　意識しないと，年齢とともに意欲が弱くなる ⇒ 貢献する意欲，収入を
得る意欲，生涯現役の意欲　⇒　新しいことへのチャレンジ精神をもつ

⑤ 働き方のリセット：

　次節で説明するライフステージに合わせた「今」の働き方をしっかり考
える　⇒　働き方はライフステージによって変化する

　次節からは，キャリアについての基礎理論を述べていく。

3　自分のライフステージでの自己概念と役割を知ろう！

　40歳代は，これまでの職業人生を踏まえ，これからどのようなキャリアの道
を歩んでいくかを真剣に考えるとき（人生の正午）にきている。自分のライフ
ステージでの「自己概念」と「役割」を整理するためには，スーパーの理論が
役に立つ。

自己概念と職業選択

　米国のドナルド・E・スーパーは，1950年代以降，職業指導（キャリアガイ
ダンス）の発展に大きな影響を与えた理論家である。スーパーは，個人のキャ
リア開発の研究を通じて，自己概念と職業選択を理論化した。自己概念とは，
「自分は何者であるか」「何が好きで，何が嫌いか」「どのようなことを楽しい
と感じる人間であるか」などといったことで，これが「自分はどうありたい
か」につながるのである。

　スーパーの理論の基本的な考え方は，次のようにまとめられる。

①　個人は多様な可能性をもち，さまざまな職業に向かうことができる。

②　職業的発達は，個人の発達の 1 つの側面であり，他の知的発達，情緒的発達，社会的発達などと同様に考えられる。

③　職業的発達とは，自己概念（自分のありたい姿）を発達させ，職業を通してそれを実現していくことを目指すプロセスである。

自己概念の形成は，「何が好きで，何が嫌いか」というレベルで乳児期から始まり，成長するにつれて，「職業に関する自己概念」が形成されていく。スーパーは，「職業を選ぶということは，自己概念の実現の手段を選ぶということである」と述べている。私たちが職業選択をすることは，「自分がどのような人間になりたいのか」を職業に置き換えて表現することである。

自己概念と職業選択の関係：
- 自己概念が明確でないと，職業選択も適切にできず，満足できないものになる。
- 仕事とは，「自分の能力（できること）」「興味（やりたいこと）」「価値（重要だと思うこと）」を表現するものである。
- 適切な職業選択には，肯定的な自己概念（自分に自信をもつこと）が必要である。

キャリアコンサルタントとして大学生や社会人の就転職支援を行う中で，上掲四角囲み内•の 3 点は非常に重要だと感じている。子どもの頃から，「肯定的な自己概念」が形成されてきた人は，仕事探しがスムーズに行くことが多い。これは周囲の人（家族，先生，友人など）から，前向きなフィードバックを受けることで形成される。成人になってからも，上司，同僚，顧客，家族などからのフィードバックにより，自己概念が形成されていくのである。

ライフ・キャリア・レインボー

スーパーは，ライフステージの概念を，成長期（0〜15歳），探索期（16〜25歳），確立期（26〜45歳），維持期（46〜65歳），衰退期（66歳〜）の 5 段階に定義づけた。また，キャリアを「人生のある年齢や場面のさまざまな役割の組み合わせである」と定義し，この概念をレインボー（虹）にたとえて説明し

ている（図表2-10参照）。

つまり，人生における役割は，ライフステージごとに変化するさまざまな場面，つまり家庭，学校，職場，地域社会などで演じられる。代表的な役割には，子ども（息子・娘），学生，余暇を楽しむ人，市民，労働者（職業人），家庭人があり，それ以外にもさまざまな役割があり得る。

さまざまな役割は，重なり合ったり，相互に影響し合ったりする。ほとんどの人は複数の役割を同時に行う。例えば，大学生の場合は，「学生，息子（または娘），余暇を楽しむ人，職業人（アルバイト）」の4つの役割をもつことが多い。成人の場合は，「職業人，息子（または娘），市民，家庭人，余暇を楽しむ人」の役割をもつことが多い。

キャリアとは，「人生における複数の役割を，ライフステージに応じて組み合わせることで，自己概念を実現する試みである」と考えることができる。人生の満足度を上げるには，この役割の組み合わせやバランス（力の入れ方）の最適化をいつも考える必要がある。

図表2-10　ライフ・キャリア・レインボー

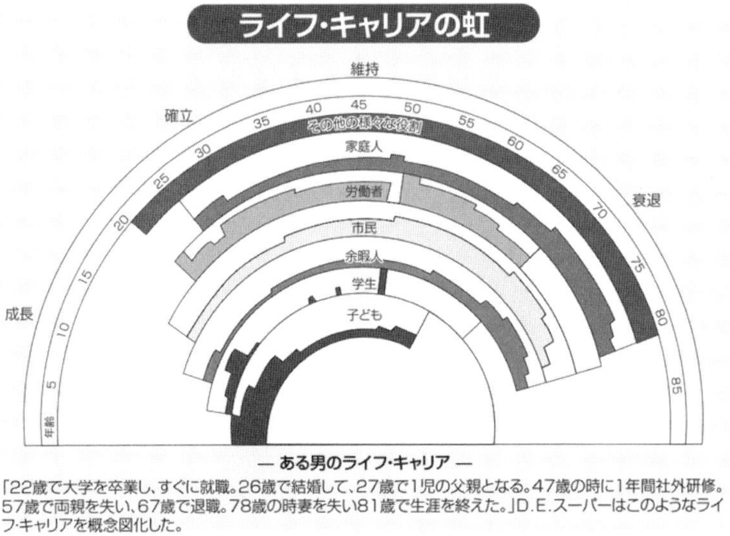
ライフ・キャリアの虹
維持
確立
衰退
成長
その他の様々な役割
家庭人
労働者
市民
余暇人
学生
子ども
年齢
5
10
15
20
25
30
35
40
45
50
55
60
65
70
75
80
85
— ある男のライフ・キャリア —
「22歳で大学を卒業し、すぐに就職。26歳で結婚して、27歳で1児の父親となる。47歳の時に1年間社外研修。57歳で両親を失い、67歳で退職。78歳の時妻を失い81歳で生涯を終えた。」D.E.スーパーはこのようなライフ・キャリアを概念図化した。

出所：文部省（現 文部科学省）『中学校・高等学校進路指導資料第1分冊』平成4年を一部改変

■個人演習：現在の自分の役割を，比率で書いてみよう。

例）　職業人65％，父親10％，家庭人（夫）10％，余暇を楽しむ人10％，市民５％

⇒　理想的には，どのような役割と比率でありたいか？

4　自分のパーソナリティー・タイプを知ろう！

６つのパーソナリティーと職業環境

　パーソナリティーとは，個性・人柄・人格のことである。米国のジョン・L・ホランドは，現代のキャリアカウンセリングに大きな影響を与えている。スーパーが「キャリア開発のプロセス」について多くの側面を理論化したのに対し，ホランドは「個人の行動スタイルや性格特性」に着目した。

　ホランドは，青少年期にかけて確立する，個人の興味や能力に関連する価値観（行動を導く強固な信念）を研究した。その結果,「人間のパーソナリティーは６つに分けられ，環境も同じ６つに分類される。職業選択は，パーソナリティーの表現の１つである。人間の行動は，パーソナリティーの表出行動と環境との相互作用なので，職業選択に当たっても，できるだけ同じ類型になるようにしたほうが，成功の度合い・満足度・安定度が高まる」という考えを理論化した。この興味と環境における６つの類型は，現実的（R：Realistic），研究的（I：Investigative），芸術的（A：Artistic），社会的（S：Social），企業的（E：Enterprising），慣習的（C：Conventional）である（図表2-11参照）。

　また，その人の職業的志向性が，データ志向（具体的な数字やデータを扱う活動），アイデア志向（抽象的概念や発見を扱う活動），対人志向（ヒトを対象とした活動），対物志向（モノを対象とした活動）のどれにより多く向いているかを理解することも必要である。

ホランドの分析

　ホランドは，人の性格特性を６つの興味領域タイプに分けた。

　①　現実的（R：Realistic）　⇒　機械や物体を対象とする具体的で実際的な

図表2-11　ホランドのワークタスク・ディメンション

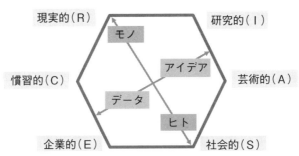

出所：宮城まり子『キャリアカウンセリング』（駿河台出版社，2002年）P67

興味領域尺度	内容
現実的興味領域（Realistic）	機械や物体を対象とする具体的で実際的な仕事や活動の領域
研究的興味領域（Investigative）	研究や調査のような研究的，探索的な仕事や活動の領域
芸術的興味領域（Artistic）	音楽，芸術，文学等を対象とするような仕事や活動の領域
社会的興味領域（Social）	人と接したり，人に奉仕したりする仕事や活動の領域
企業的興味領域（Enterprising）	企画・立案したり，組織の運営や経営等の仕事や活動の領域
慣習的興味領域（Conventional）	規則，習慣を重視したり，それに従って行うような仕事や活動の領域

出所：独立行政法人労働政策研究・研修機構「VPI職業興味検査 第3版」（日本文化科学社，2002年）

　　仕事や活動の領域

　　　・対物志向で，道具，モノ，機械などを扱うことを好む。

　　　・手作業，機械作業，農作業などの能力を伸ばす。

　　　・組立てや修理に関わる職業を好む。

　　　・地に足がついて，実践的。

　②　研究的（Ⅰ：Investigative）　⇒　研究や調査のような研究的・探索的な
　　仕事や活動の領域

　　　・生物学や物理学関係の活動を好む。

　　　・数学や科学の能力を伸ばす。

　　　・科学や医学分野の職業を好む。

　　　・好奇心が強く，学究肌で自立的。

　③　芸術的（A：Artistic）　⇒　音楽，芸術，文学などを対象とするような
　　仕事や活動の領域

　　・創造的な活動を好む。

　　・美術，音楽，演劇の能力を伸ばす。

　　・創造的な才能を活かせる職業を好む。

　　・創造的で発想が自由。

　④　社会的（S：Social）　⇒　人にサービスする仕事や活動の領域

　　・人に教える，手助けすることなどに関連する活動を好む。

　　・人と一緒に仕事をする能力を伸ばす。

　　・教育，保育，カウンセリングなどの職業を好む。

　　・人の助けになり，友好的。

　⑤　企業的（E：Enterprising）　⇒　組織の運営や経営などの仕事や活動の領域

　　・他人に影響を与えることができる活動を好む。

　　・リーダーシップ，説得力など人と仕事をするのに必要な能力を伸ばす。

　　・商品の販売や人の管理などに関する職業を好む。

　　・外交的，精力的で自信家。

　⑥　慣習的（C：Conventional）　⇒　規制・習慣を重視するような仕事や活動の領域

　　・情報を明確に整理できる活動を好む。

　　・事務的，計数的処理能力を伸ばす。

　　・計算，コンピュータ操作などに関する職業を好む。

　　・責任感があり，信頼でき，ち密。

　ホランドは，この分析により「人は通常，3つの性格タイプの組合せとして表すことができる」とし，「どれか1つが強く，あと2つはそれほど強くない」と説明した。このように，人を3つの性格タイプで表したものをスリー・レター・コードと呼ぶ。

　「VPI職業興味検査」や「CPS-J（Career Planning Survey-Japanese version）」などのアセスメントを受ければ，自分のスリー・レター・コードを知ることができる。キャリアチェンジを考える人が，自分の好きな仕事や性に合う働き

方・自分のパーソナリティーについて，自己理解を深めるために試してみるとよいツールである。

　VPI職業興味検査は，160個の職業を提示し，それぞれの職業に対する興味，関心の有無を回答する検査である。その結果は，上記の6つの興味領域（現実的，研究的，芸術的，社会的，企業的，慣習的）と，5つの傾向尺度（自己統制，男性―女性傾向，地位志向，稀有反応，黙従反応）に対する個人特性として示される。

　VPI職業興味検査で示される具体的な職業に共通する働き方を考えると，自分の「軸」となる働き方が見えてくると思う。

■個人演習：VPI職業興味検査は，ハローワークで簡易版が無料で受けられる。受けたことがない人は，自己理解のために，受検してみることをお勧めする。

5　自分が大切にしたい価値観を知ろう！（キャリア・アンカー）

シャインの「キャリア・アンカー」

　エドガー・シャインは，キャリアの選択を規定する価値的な能力として，「キャリア・アンカー」という概念を提唱した。

図表2-12　シャインの3つの問い

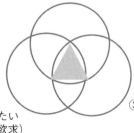

①自分にできることは何か？（能力，才能）

②自分は何がやりたいのか？（動機，欲求）

③自分は何をやることに価値を感じるか？（意味，価値観）

　これは次の３つの要素が複合的に組み合わさっていると考えた（図表２-12
参照）。

① 実際の成功経験に基づく，自覚された能力と才能

　　⇒　自分にできることは何か？（能力，才能）

② 自己診断や他者からの指摘により，自覚された動機と欲求

　　⇒　自分は何がやりたいのか？（動機，欲求）

③ 理想と現実のギャップから，自覚された態度と価値

　　⇒　自分は何をやることに価値を感じるか？（意味，価値観）

キャリアデザインとは，この３つの問いを，生涯にわたって，自分自身に繰
り返していくことである。

８つのキャリア・アンカーの特徴

　シャインは，実証的研究の結果，キャリア・アンカーを８つに定義づけた。

　以下は，８つの「キャリア・アンカー」の特徴と，それに「適する仕事タイ
プ」である。

① 専門・職能的コンピタンス（Technical/Functional competence）

　　自分が得意な専門分野や職能分野での能力発揮に満足感を覚える。　⇒
　スペシャリスト，医師・弁護士などの士業，職人

② 全般管理コンピタンス（General Managerial competence）

　　組織の責任ある地位に就き，組織の成功に貢献し，高い収入を得ること
　に喜びを感じる。　⇒　○○長，ジェネラリスト

③ 自律・独立（Autonomy/Independence）

　　組織の規制に束縛されず，自分のペースで自分の納得する仕事の進め方
　を優先する。　⇒　自営業，フリーランス

④ 保障・安定（Security/Stability）

　　安定・安全で，ゆったりとした気持ちで仕事をすることを優先する。
　　⇒　公務員，終身雇用的な企業

⑤ 起業家的創造性（Entrepreneurial Creativity）

　　新しい事業を起こし，経済的に成功したいと強く意識する。 ⇒ ベン
　　チャー起業家，クリエイター
⑥　奉仕・社会貢献（Service/Dedication to a Cause）
　　世の中を良くすることに貢献したいという欲求に基づいてキャリアを選
　　択する。 ⇒ 公的機関，社会起業家
⑦　純粋な挑戦（Pure Challenge）
　　不可能と思われることを達成し，てごわい相手に勝つことを目標とする。
　　⇒ 研究者，新規事業立上げ
⑧　生活様式（Lifestyle）
　　個人，家族，仕事のニーズのバランスをとりたい。 ⇒ ワークライフバ
　　ランサー

　キャリア・アンカーには，「人は自己概念に首尾一貫性や統一性を求めよう
とするものである」という前提がある。そのため，一度確立されたキャリア・
アンカーは，個人のキャリア全体にわたって，安定し続けると想定されている。
　一般的に，キャリア・アンカーが明確な人は，社内異動や転職などのキャリ
アチェンジが希望どおりになることが多い。これは，自己理解がきちんとでき
ており，自分のキャリアで「こだわりたいこと」が明確になっているためである。

■個人演習：　キャリア・アンカーの自己診断は，無料サイトで受けられる。

6　エンプロイアビリティー（雇用される能力）を把握しよう！

　第2章の最後に，「エンプロイアビリティー（Employability）」について触
れておきたい。
　エンプロイアビリティーとは，「雇用される能力（Employ＋Ability）」のこ
とで，一般的には「企業内外で通用する職業能力」と言われる。経団連では，
「労働移動を可能にする」能力と「継続的に雇用されることを可能にする」能
力を加えたものと定義づけている。

社外でも通用する能力

　私は，30歳の転職から現在まで，「雇用される能力」（独立した今は，「仕事を依頼される能力」と置き換えている）を意識している。エンプロイアビリティーの意識は働く者にとって極めて重要である。この意識がなくなったとき，市場価値もなくなると考えている。

　エンプロイアビリティーは，現在所属している企業内で求められている能力があるかどうかではなく，社外においても通用するかどうかという能力のことである。専門性をどのように身につけ，どのように活かしていくのか，もしそれが活かせなくなったときにどうするかなど，自分で考える力を身につけていくことが必要である。

　また，エンプロイアビリティーは，その人の「市場価値」に連動する。模式化すると，Quality（自分が認識するスキル＝自認価値）とValue（他者が認めるスキル＝他認価値）の重なる部分がEmployability（市場価値）である（図表2-13）。

　なお，ここで言う「スキル」とは何かについては，「第4章　自分のキャリアの棚卸し」で詳述する。

図表2-13　エンプロイアビリティーの3要素

スキルギャップを埋めるために

　次に，スキルギャップを埋める必要性について説明しておく。図表2-14で示すように，社会人を経験していくと，必要な業務知識やスキルレベルは，年齢とともに上がっていく。そのため，研鑽を怠るとスキルは減価償却していき，陳腐化してしまうためスキルギャップが起こる。そうならないためには，意識して自分のスキルを開発し続けることが重要である。

図表2-14　スキルギャップとは

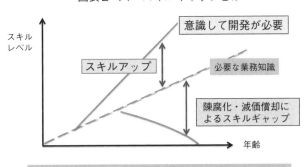

どれだけ自分を語れますか？

　第2章の最後に，現在の状況，課題・不安，キャリアのゴール，優先順位，価値観などについて，「どれだけ自分のことを語れるか」ということを考えていただきたい（図表2-15参照）。自分のことを語れるということは自己分析ができているということであり，自己分析を通じて自分の専門性，得意・強み，経験の活かし方，自分の可能性，価値観などを知ることである。

　これがキャリアを考えるスタートなのである。

図表2-15　どれだけ自分を語れますか？

どれだけ自分を語れますか？		
・性格（長所・短所）	・ライフステージ	・できること
・適性・専門性	・キャリアのゴール	・やってきたこと
・職業経験・職務経験	**私**	・やりたいこと
・行動特性・思考特性		・得意なこと
・仕事への取り組み姿勢	・価値観	・苦手なこと
・趣味・地域活動	・優先順位・課題	・性に合うこと

■個人演習：次の5つの問いを自問自答してみてほしい。

①私は，今何を求めて働いているのか？ ⇒ 働き方とキャリア形成

②私は，何によって会社に貢献しているのか？ ⇒ 職務とスキル

③私は，どんな人材か？ ⇒ 日常業務への取り組み方

④私は，将来何になりたいのか？ ⇒ 目標

⑤私は，そのために今何をしているのか？ ⇒ 自己啓発

　私にとってキャリア形成とは，自分を作る・高めること＝人間力を上げていくことである。人間力は人としての魅力，「人柄」であるが，人柄は営む力によって養われる。営む力とは，「仕事をする力」＋「生活する力＝家族力・地域力」であると思う。したがって，出会い・仕事場・生活環境はキャリア形成に大きな影響があると考える。

第3章
キャリアプランニングの心構え

第3章は，小倉克夫が担当する。私は，30年以上，日本の大手企業（富士写真フイルム株式会社）に勤務した後，キャリアコンサルタントとして独立した。現在は，社会人の再就職支援や大学のキャリア授業の講師としての仕事に従事している。また，NPO法人日本キャリア・コンサルタント協会の理事長として，後進のキャリアコンサルタントの指導・育成も行っている。

30代から40代のミドル層のキャリア支援を行う中で，多くの方が将来に不安をもっており，機会があればキャリアチェンジしたいと考えている状況を見てきた。しかし，キャリアチェンジがうまくいかない事例も数多く目にしてきた。例えば，「プライドが高い人」は，自分を変えられないことが多い。特に，大手企業の部長，次長クラスの経験者は，実務能力が不足する割にプライドが高いため，自分を変えることが難しい。また，「仲間がいない人」は，社外ネットワークがないので，希望のかなうキャリアチェンジが難しい。

第3章では，多くのキャリアチェンジを支援した私の経験を踏まえて，キャリアチェンジを考えるための心構え，それを裏づける理論について述べる。

1　キャリアチェンジの心構え：4M理論

私は，キャリアチェンジを考えるための心構えを，メンタル・ファウンデーション，モチベーション，ムーブメント，マネジメントの4つのMで整理し，「4M理論」として説明している（図表3-1参照）。

最近の企業と従業員の状況

現在の雇用情勢は，終身雇用制や年功序列制の有名無実化，年金制度の変化

図表3-1　4M理論

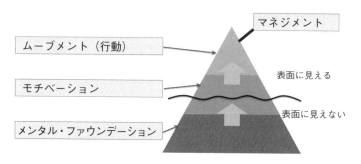

にともなう定年延長，労働流動性の拡大などが要因となって大きく変化している。労働者側から見れば，いつ会社から不本意な異動や減給，もしくは退職勧奨を受けても不思議ではない。そのため，会社依存型ではなく，自分の人生は自分で決める，という自立と自責の考え方が強く求められている。

　昨日まで過去最高の利益が出て安泰と思われた会社が，ある不祥事などをきっかけにリストラせざるを得なくなる，という事態もよく耳にする。会社に残ったら残ったで，少数精鋭の名のもと，従来のような余裕のある勤務ができるわけでもない。

　一方で，前向きな転機を考えるミドル世代も多くなっている。

　このような状況を受けて，キャリアチェンジを考えるうえで，この「4M」が重要と考えるのである。

メンタル・ファウンデーション（精神的基盤）

　図表3-1の下層に位置するのが，私がメンタル・ファウンデーション（Mental Foundation）と呼ぶものである。これは，表面には見えない（水面下の）心の部分である。「精神的基盤，心の拠り所になっているもの」を指している。具体的には，「健康，家族，経済」の3Kが，メンタル・ファウンデーションの3要素と考えている。

　まず，「健康」は，すべての源泉である。いくらお金や恵まれた家庭があっても，健康に不安があれば，それだけで人生は苦しいものになってしまう。逆

に，体さえ丈夫なら何でもできる，という考え方ができる。

　次は，「家族」である。メンタルヘルス不調になったときに，一番頼りになるのが家族の支えである。ストレスの度合いを研究したホームズによる「社会的再適応評価尺度（人生のイベントのストレス程度を示した研究）」（図表3-2）では，人が最もストレスを感じるのは「配偶者の死」というイベントである。最近では，キャリアコンサルティングにおいて，家族のために働く，とはっきり言う人が，若い世代ほど多くなっているように，家族は非常に大事である。

図表3-2　ライフイベントのストレス度

社会的再適応評価尺度トップ20（ホームズ，1967年）

1. 配偶者の死	100	11. 家族の健康上の変化	44
2. 離婚	73	12. 妊娠	40
3. 配偶者との離別	65	13. 性的な障害	39
4. 拘禁や刑務所入り	63	14. 新しい家族ができる	39
5. 家族の死	63	15. ビジネスの再調整	39
6. 自分のけがや病気	53	16. 経済上の悪化	38
7. 結婚	50	17. 親友の死	37
8. 失業・解雇	47	18. 仕事の変更	36
9. 婚姻上の和解	45	19. 配偶者とのケンカの数	35
10. 退職	45	20. 1万ドル以上の借金	31

　最後の要因は，「経済」である。いくら高邁な思想をもち，達観していても，毎日の生活ができるような家庭の経済状況になっていないとたいへんである。貧すれば鈍する，ということわざのとおり，家計が成り立たないと犯罪につながるようなことも起こり得るので厄介である。

　メンタル・ファウンデーション（精神的基盤）において，3Kに加えて「自己効力感，自己肯定感」が大切である。自己効力感については，2節でバンデューラの理論を詳述する。

モチベーション（動機づけ）

　次の層は，モチベーション（Motivation）である。モチベーションには，表

面に見える部分と見えない部分がある。

　そもそも，モチベーションとは何かを考察する。アメリカの心理学者，ビクター・ブルームの期待理論によれば，「モチベーションの大きさ＝目標の魅力×目標達成の可能性」と言われている。「目標の魅力」とは，その目標を達成した後の成功イメージである。名声，富，名誉，自信，後に続く希望や夢，などのサクセスイメージである。これが明確になって，魅力があればあるほどモチベーションは上がる。

　もう1つの要因である「目標達成の可能性」とは，可能性が高ければ高いほど上がるというわけである。例えば，計画のノルマが，対前年200％であるのと120％であるのでは，どちらがモチベーションは上がるのであろうか？　事業が急成長期であれば，200％でも良しとされるであろうが，通常は，手が届きそうな120％の計画のほうが，実現可能ということでモチベーションが上がるのではないだろうか？

　ブルームが主張しているのは，頑張れば手が届く目標で，達成すればほしいものが手に入るというイメージがあれば，モチベーションは高く保っていけるということである。

　モチベーションについては，3節でマズローの「欲求段階説」とハーズバーグの「衛生要因と動機づけ要因」を詳述する。

ムーブメント（行動）＆マネジメント

　モチベーションが上がったら，ムーブメント（行動）に移すこと，そしてマネジメント（進め方を考えて目的達成）に向かうことができる。ムーブメントは，表面に出る他人から見える部分である。また，リソースを把握し，最適な枠組みで目的達成のために行動するのがマネジメントである。さまざまなケースに柔軟に対応し，どうリソースを組み合わせて，どうハンドリングするか，最適な姿を求められる。プロジェクトや事業の成功の裏には，必ず優れたマネジメントが存在するものである。

　ムーブメント（行動）とマネジメントに関連して，4節でシュロスバーグの

「転機の理論」を，5節でサビカスの「キャリア構成理論」を，そして6節でクランボルツの「計画的偶発性理論」を詳述する。

2　メンタル・ファウンデーション（精神的基盤）を整えよう！

自己効力感とは何か

メンタル・ファウンデーション（精神的基盤）を整えるためには，「自己効力感」をもつことが必要である。

自己効力感（Self-efficacy）とは，自分がある状況において，「必要な行動をうまく遂行できるかという能力の自己評価」である。カナダの心理学者アルバート・バンデューラが，1986年に提唱した。自分の能力に対する本人の見積もりとも言える。人が行動をするときには，この自己効力感が大きな影響力をもつ。

例えば，逆境に置かれたとき，自己効力感が高い人は，どうにか自分の力で乗り越えようと現実的な方法を考えて行動に移そうとする。しかし，自己効力感が低い人は，不安や心配が心を支配して，自分には無理だ，やっても無駄だと決めつけてしまい，有効な行動が起こせなくなる。

自己効力感を生み出す4つの要素

自己効力感は，生まれつきもっているわけではない。自己効力感を生み出す基礎となるのは，次の4つと言われている（図表3-3参照）。

① 個人的達成：自分の力で何かを達成，あるいは成功した経験。4つの中で，最も強い影響力がある。ある仕事でほめられたり，うまくできた体験は，自己効力感を高めることにつながる。

② 代理学習：自分以外の他人が何かを達成，あるいは成功することを観察すること。親や兄弟，友人，先輩などがうまく仕事をしていると，自分もできる気がする。このお手本をロールモデルと呼ぶ。

③ 言語的説得：自分に能力があることを言語的に説明されること。他人から認められる，励まされる，評価されるといった経験により，自己効力感

図表3-3　自己効力感の形成に影響を与える4要素

| 個人的達成：自分自身が何かを達成，あるいは成功した経験 | 言語的説得：自分に能力があることを言語的に説明されること |

自己効力感

| 代理学習（ロールモデル）：他人の達成や成功を観察すること | 情緒的覚醒：落ち着いた気持ちやリラックスした精神状態 |

出所：アルバート・バンデューラの理論をもとに作成

が高まることを指す。逆に，できているのに認めず，やる気をくじくような発言は，マイナスに作用する。

④　情緒的覚醒：落ち着いた気持ちやリラックスした心の状態は，楽観的で，前向きな自己効力感につながる。逆に，不安な心理状態だと，否定的な感情が強くなり，何かができるという気持ちが低くなる。

　自己効力感は，高ければ良いというものではない。自分の能力より高すぎると，自信過剰になり，粘り強さに欠けたりすることもある。実際の能力と自己効力感が同じ程度であると，人は「自分に自信をもつ」状態になり，精神的に安定する。つまり，「適度なレベルの自己効力感」をもつことが，メンタル・ファウンデーション（精神的基盤）を整えることにつながり，それが個人のキャリアを望ましい方向へ導くのである。

3　モチベーション（動機づけ）とは何か

欲求5段階説

　モチベーション（動機づけ）とは，人に行動を促し，方向づけ，統合する内部的要因のことを指す。人が何によって動機づけられたり，やる気が高まったりするのかに関する研究は，1950年代以降，広く行われてきた。ここでは代表

的な2つの理論について説明する。

アメリカの心理学者，エブラハム・マズローは，1942年に「欲求5段階説」
を発表した（図表3-4参照）。

図表3-4　マズローの欲求5段階説

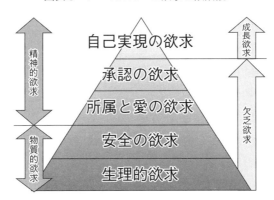

出所：エブラハム・マズローの理論をもとに作成

人の欲求は，低次のものから順に，5つの階層で示される。すなわち，

① 　生理的欲求：生物としてのヒトが根本的にもつ欲求。衣食住など。

② 　安全の欲求：危険を避ける，環境の安心を求める欲求。

③ 　所属と愛の欲求：家族や会社組織などに所属し，愛や友情を得たい欲求。

④ 　承認の欲求：そのグループで認めてもらいたい欲求。

⑤ 　自己実現の欲求：こうありたいという自分を実現したい欲求。

である。

低い次元の欲求がある程度満たされると，高い段階の欲求に移行していく。
この中で，①生理的欲求から④承認の欲求までは，「欠乏欲求（不足すると困
るもの）」と分類され，「無いものを外部から補おうとする欲求」である。

そして，⑤自己実現の欲求は，「成長欲求」に分類される。成長欲求は，人
が自分の能力や可能性を発揮したいという欲求である。マズローは，人は限り
なく成長したいという欲求をもつと言う。この欲求を具現化することが，キャ
リア開発なのである。

衛生要因と動機づけ要因（ハーズバーグの理論）

　アメリカの臨床心理学者フレデリック・ハーズバーグは，動機づけの研究を通して人の職務満足に影響を及ぼす2つの要因を見つけ，これを①衛生要因，②動機づけ要因と名づけた。

　衛生要因とは，不満足を規定するもので，具体的には会社の方針や職務環境，賃金，地位，上司・同僚・部下との人間関係などが当てはまる。動機づけ要因とは，成果や社内の知名度，仕事内容，責任，意義ある仕事を任される，個人的成長など，成長の実感がもてるものである。

　つまり，人は衛生要因に対する不満をいくら少なくしても，満足感を上げることにはつながらず，不満足感を減少させる効果しかないのである。例えば，衛生要因である賃金や肩書きが上がっても，満足感が上がるのは一時的で，すぐに慣れてしまい長期的な効果は見込めない。衛生要因は大きなマイナスでなければよい。真の意味で仕事の満足感を引き出すには，「動機づけ要因」である個人の成長や自己実現に訴求する必要がある。

4　転機に対処するために

　次のムーブメント（行動）については，変化の激しい現代を生き抜くために有効であると考えられているシュロスバーグの「転機に対処するための考え方」と，サビカスの「人生のストーリーを自ら創造するための考え方（キャリア構成理論）」を紹介する。

キャリアは転機の連続

　ナンシー・K・シュロスバーグは，「キャリアは転機（トランジション）の連続である」と考えた。そのため，キャリア開発を考える人は，「転機のプロセス」をよく理解し，転機にうまく対処できるようになる必要があると提唱した。

　シュロスバーグが定義する転機には，2つの部分がある。「ある出来事が起こること（イベント），またはある予期した出来事が起こらないこと（ノンイ

ベント）」と，「その結果としての生活・人生の変化」である。図表3-5にイベントとノンイベントの例を示した。

図表3-5　イベントとノンイベント

「イベント（ある出来事が起こること）」の例：
・大学に入学する
・新しい仕事を始める
・親を亡くす
・子どもが生まれる
・失業する
・離婚する
・病気になる
・地震などの天災に遭う

「ノンイベント（ある出来事が起こらないこと）」の例：
・志望した大学に入れない
・希望した業界に仕事が見つからない
・結婚相手が見つからない
・子どもが授からない
・期待どおりに昇進できない

出所：ナンシー・シュロスバーグの理論をもとに筆者作成

　出来事が起こっても起こらなくても，それが結果的に生活に変化をもたらせば，その人に転機が来たことになる。転機は通常，下記のうち1つまたは2つ以上の変化をもたらす。
　①　役割：人生の役割のどれかが大きく変化する
　②　関係性：大切な人との関係が強まったり薄くなったりする
　③　日常生活：物事をいつどのように行うかが変化する
　④　自分自身に対する見方：自己概念が変化する
　人生に転機が来ることは避けることはできない。シュロスバーグは，転機が来たとき，転機によるマイナスの影響を最小限に抑えられるように対処できることが大切であると説明している。転機を自覚することにより，役割，関係性，日常生活，自分自身に対する見方についてのマイナスの影響を減らし，うまく転機を超えられるようになるのである。

転機の影響度合いと評価の視点

次に,「転機の起こり方」による違いを考える。転機の起こり方には,主に3種類がある。

① 予期していた転機:結婚する,子どもが生まれる,など

② 予期していなかった転機:事故,病気,失業,など

③ 期待していたものが起こらなかった転機:結婚が破談,昇格見送り,など

予期していたかどうかにより,自分に与える影響度合いが異なることは,皆さんの経験からも想像がつくだろう。次に示すのは,転機を評価する4つの視点(図表3-6参照)である。これを理解することで,転機に冷静に対処することが可能になると考えられる。

図表3-6 転機を評価する4つの視点

①転機の深刻さ:どの程度,日常生活や役割を
変えなければならないか。

②転機のタイミング:時期的に良いか悪いか。

③転機に対するコントロール:本人がコントロール
可能か。他の選択肢があるか。

④転機の持続性:いつまで続くか。

出所:ナンシー・シュロスバーグの理論をもとに筆者作成

例えば,転職の場合で考えてみよう。

① 転機の深刻さ:その転職により,どの程度,現在の日常生活や役割を変えることになるのかを考える。転居を伴うなら,日常生活は大きく変わることだろう。役割が課長から部長に変わり,部下の人数が3人から10人に変わるなら,仕事の進め方も大きく変わるだろう。

② 転機のタイミング:人生において,今,その転職をすることが良いかどうかを考える。家族の状況も考える必要があるかもしれない。また,違う仕事をするうえでの準備期間を考える必要もあるかもしれない。

③　転機に対するコントロール：自分が転職について，何らかのコントロールをできるか，希望に合った転職先の候補はたくさんあるか，転職しない選択肢もあるか，などをよく検討する。

④　転機の持続性：転職によって変わった状況は，いつまで続くか。一時的か，ずっとその状況が続くのか。

この4つの視点で転機を評価することで，納得のある結論を得られる可能性が高まるのである。

転機への対処と乗り切り方

以上を理解したうえで，転機にどのように対処するかを考える。シュロスバーグは，転機に対処する能力を左右するポイントは，次の4つであると説明している。

①　人生全体に対する見通し：転機にともない，人生を肯定的に捉えているか，否定的に捉えているかで，転機の影響が異なる。人生を肯定的に捉え，前向きに考えられることが望ましい。

②　コントロール：転機により，自分が人生をコントロールできると思うか，あきらめるかで，影響が異なる。

③　対処スキル：転機を迎えた際のストレス解消の方法，意思決定を通じた行動の取り方を知っているほうがよい。

④過去の経験：以前の転機の経験を生かせるか。

これは，6節で説明する「チャンスを捉えるための5つの心構え（クランボルツの理論）」とも共通する。転機において，楽観的に考え，柔軟に対応できる人は，成功することが多い。

5　人生のストーリーを自ら創造するために

次に，ムーブメント（行動）とマネジメントについて，本節では「過去」の自分の行動や結果を見える化する「キャリア構成理論」を述べ，6節では「未来」に希望を抱かせる「計画的偶発性理論」を紹介する。

キャリア構成理論とは

　米国のマーク・L・サビカスは,「キャリア構成理論」を提唱した (2005年)。これは, 21世紀にふさわしいキャリア理論として, 現在の米国キャリア心理学会において最も注目を集めており, 日本でも実践するカウンセラーが増えている。キャリアチェンジを考える個人も, この理論のエッセンスを理解しておくことは有益である。

　20世紀 (日本では戦後の昭和時代) には, 多くの人に共通する「標準的な人生コース」があり, 仕事や家庭の道筋がパターン化されていた。しかし, 21世紀に入り, コンピュータ革命やグローバル化の進行によって急速な変化が起こり,「流動的なキャリアチェンジ」が一般的になってきた。長期的な安定雇用が減り, 非正規雇用の比率が増大してきた。日本の場合, 非正規雇用が全雇用者に占める比率は, 1990年の20%から, 2015年には35%になり, 3分の1以上を占めている (出所:総務省労働力調査)。

　すなわち, 人生を「会社に依存」するよりも,「個人に依存」する度合いが大きくなってきている。そこで,「脱標準化」された個人の人生を「多様で個別化された, 各自の自叙伝 (キャリアストーリー)」として構成していくことを提唱したのが, キャリア構成理論である。

自分のキャリアストーリーを描く

　サビカスは2012年に, 個人が「ライフテーマ (キャリアの軸)」を明らかにするための「ナラティブアプローチ」の手法を発表した。下記の質問をカウンセラーが相談者に行うことで, 相談者がキャリアストーリーを構成することを支援するのである。この質問を自問自答することで, 自分のキャリアストーリーを描くことが可能になる。

①　あなたは, 子どもの頃成長する過程で, どのような人に憧れ, 尊敬していましたか?その人について話してください。

　　⇒幼い頃にあこがれた人は, お手本としたい「ロールモデル」である。
　　　両親や家族以外に, 3人挙げる。有名人でなくても, 実在しない人で

もよい。動物やアニメのキャラクターでも構わない。その3人に共通
する特徴に意味がある。

② 定期的に読んでいる雑誌や，定期的に見ているテレビ番組はありますか？ それは何ですか？ その雑誌や番組のどんなところが好きですか？
⇒いつも見る雑誌・テレビ番組には，「どのような環境で働きたいか」
が現れる。

③ 好きな本，または映画は何ですか？ そのストーリーを話してください。
⇒お気に入りの本・映画は，自分の将来の可能性，問題解決のための方
法を示唆する。

④ 好きな格言や，指針となる言葉は何ですか？
⇒お気に入りの格言・モットーは，自分に対するアドバイスを示す。

⑤ 幼少期の最初の思い出は何ですか？ 3歳から6歳頃に起きた出来事に
関する3つの物語を思い出してください。
⇒幼少期の思い出は，その人の個人的な先入観を知るために役立つ。

この5つの質問に答えることで，改めてライフテーマ（キャリアの軸）を振り返り，考える機会となる。サビカスは，特に失業や転職など，自分のキャリア上の危機のときこそ，ライフテーマの確認が必要であると考える。

キャリアチェンジに向けて行動する一環として，「自分が本当に何を大切に思っているのか」，「何のために働きたいと思っているのか」を考えることが重要なのである。「急がば回れ」で，遠回りに見えても，このような質問に自問自答することによって，次のキャリアチェンジを前向きに捉えて実行し，納得できるものになる。

どうして，今さら子ども時代のことを考えるのか，疑問に思う人もいるかもしれない。米国ジェネラルエレクトリック（GE）やジョンソン＆ジョンソンなどのグローバル企業では，入社面接において「どのような子どもでしたか？」というのが，必ず聞くべき質問リストに入っている時期があった。キャリア発達理論では，人間の価値観や動機づけは，子どもの頃にかなり決まっているという前提があり，この質問で，リーダーシップをとるのが本質的に好きなタイ

プか，ブレインとして考えるのが好きなタイプか，などを見極める参考にするのである。

　また，日本の新卒大学生の就職面接においても，「就職活動で大切にしている点（就活の軸）は何ですか？」は，定番の質問である。企業は，大学生が過去を振り返り，自分が大切にしていること，価値を感じることは何かを自覚し，それを実現できる場がその会社であると理解したうえで応募してくることを期待している。社会人がキャリアチェンジを考える際にも，自らのキャリアストーリーを描いてみることをお勧めする。

6　予期せぬ出来事をチャンスに変えるために

　サビカスの理論は「過去」に目を向けるが，一方でジョン・D・クランボルツは，「未来」に焦点を当てる理論を構築した。

　米国スタンフォード大学教授のクランボルツは，1999年に「予期せぬ出来事を，キャリアの機会と捉える考え方（計画的偶発性理論：プランド・ハップンスタンス・セオリー）」を発表した。これは，「自己概念を明確にして，計画的にキャリア開発を行う」というそれまでのキャリア理論とは大きく異なり，変化の激しい時代に合うとして，広く受け入れられている。

チャンスを捉えるための5つの心構え

　クランボルツは，「未来は予測できないことだらけなので，計画的なキャリアプランを絶対視すべきでない」と主張した。彼が成功したビジネスパーソン数百名のキャリア分析を行ったところ，「成功したキャリアの8割は偶発的なことによって決定される」ことがわかったのである。そして，「偶然の出来事」をチャンスや好機に変えるため，5つの心構えが必要だと結論づけた（図表3-7）。

図表3-7　チャンスを捉えるための5つの心構え

成功者のキャリアの8割は，予想しない偶発的なことによって決定される。
その偶然を取り込み，キャリアをよいものにしていくため，次のスキルが必要。

1．好奇心　たえず新しい学びの機会を模索し続ける
2．持続性　失敗に負けず，努力し続ける
3．柔軟性　こだわりを捨て，信念，態度，行動を変える
4．楽観性　新しい機会は必ずあると，常に前向きに考える
5．冒険心　結果が不確実でも，リスクを取って行動を起こす

出所：J・D・クランボルツ『Planned Happenstance Theory』1999年

　まず「1．好奇心」については，いつも新しいことに興味や関心をもち，勉強や出会いを豊富にしておくとチャンスがつかめるということである。ただし，いつも中途半端に関心が移りすぎるとよくないということで，「2．持続性」も大切である。

　キャリアチェンジにおいて，多くの日本人が特に意識すべきと思われるのが，「3．柔軟性」ではないだろうか。状況に応じて，こだわりを捨てて信念・態度・行動を変えるというのは，「この道一筋」を美徳として教えられた日本人にとって，違和感がある人も多いのではないか。英語には，「Variety is the spice of life.」ということわざがある。「変化は人生のスパイスである」，つまり「いろいろあってこそ，人生は面白い」という意味である。この言葉のように，人生の変化を柔軟に受け入れて楽しむという気持ちが大切であろう。

　そして，「4．楽観性」，何とかなるさという気持ちで，「5．冒険心（チャレンジ精神，リスクテーキング）」をもち，思い切って行動することが成功のカギなのである。私はこの理論にさらに，「6．ポジティブ思考」と「7．○○したいという強い思い入れ」の2点を加えて説明している。

　この5つの心構えの大切さについては，本書第Ⅱ部の成功事例のキャリアインタビューでも，多くの人が言葉を換えて語っている。第Ⅱ部も参照されたい。

ワークライフバランス：RESPECTの法則

　第3章の最後に，心構えについてまとめておこう。私は，心構え，言い換え

ると仕事とプライベートにおける気持ちの持ち方（ワークライフバランス）を整えるため，次の7項目をチェックすることを勧めている（図表3-8）。

図表3-8　ワークライフバランス：RESPECTの法則

Rest　休息　よく眠れているか？
Economy　経済活動　仕事はうまくいっているか？
Study　勉強　自己啓発しているか？
Play　遊んでいるか？
Exercise　運動　身体を動かしているか？
Communication　コミュニケーションがとれているか？
Taste　快楽　旅行，Sex，楽しみ

「RESPECT」の最初の「R」は「Rest」で，休息という意味である。人は休息がなければ生きていけない。頑張るためには，どうしても休息が必要である。仕事をしていて，休暇や連休にうきうきしたことは皆さんもあるだろう。エンドレスで休みなしでは，人は心身ともに参ってしまう。

Eは「Economy」である。働いてお金を得る経済活動，すなわち仕事を示している。生存から自己実現まで，目的はそれぞれだが，人は仕事なしでは生きていけない。長年，企業に勤めていて，いきなりリストラされ，家族を養っていくのに路頭に迷う，というのは深刻な問題である。

Sは，「Study」で，向上心に裏打ちされた学習や勉強のことである。学生時代にもっと勉強しておけばよかった，と思う人は多いだろう。カルチャースクールや社会人大学院が繁盛し，各地でさまざまな勉強会が百花繚乱である。楽器の演奏やスポーツのスキルアップなどもこの分類に入れる。何か目標をもって勉強を継続することに生きがいをもっている人もいる。

Pは「Play」で，文字どおり遊びである。遊び心は人に潤いと魅力を与える。私の知っている人生の達人は，遊びを最優先する。例えば，著名経営コンサルタントの大前研一氏は，1年の初めに，その年の遊び・休暇のスケジュールを入れて，その後に仕事の予定を入れるそうだ。竹のしなやかさを見ればわかるように，すべての物事には適度な遊びがないと折れやすくなってしまう。車の

ハンドルでわかるように，少しの遊びがあるからこそ，パワーが発揮できるのである。

Eは，「Exercise」で，人は適度な運動を必要とするということ。「健全な精神は健全な身体に宿る」を実現するには運動することが一番。医者からも適度に運動するように言われるが，長生きで快適に暮らしているお年寄りの大半はスポーツに勤しんでいる方が多い。

Cは，「Communication」である。人は1人では生きていけない。他人とさまざまな形で接触しながら，凸凹の道を歩いていく。ストレスの70％は，コミュニケーション不良が原因と言われる。他人から承認されたり認められたら嬉しくなるし，怒られたり批判されれば落ち込んでしまうのが人間である。1人でいたいときもあるだろうが，生活のほとんどは人間関係の中に存在している。

最後のTは「Taste」，味わう力である。見る，聞く，嗅ぐ，食べる・飲む，排せつする，といった快感をともなう本能的な力のことだ。おいしい食事，いい音楽などは，人としてなくてはならない「楽しみ」であろう。その楽しみの源がTasteである。

以上の7つの要素をチェックすることで，気持ちの良いバランスを保つことができる。

3K4M―RESPECT理論

次に，このRESPECTの法則について，その使い方を考えてみる。

もともと，これは私自身の気持ちの分析から発想した。私は，3K（健康，経済，家族）が満たされているにもかかわらず，なぜか日々に満足できない，物足りない，という感覚があることに気づいたことが始まりであった。人生バラ色に見えたり，光燦々と輝いて見えたり，満足のいく日々を経験することがあっても，それは長く続かない。その良い状態が当たり前になってしまい，次のものを求めている新しい自分がいるためである。1つの目標を達成し，次の目標を目指す，という「レベルアップ感覚」とはちょっと違う「物足りなさの

ような感覚」である。人の欲望は果てしがない，ということがあるが，それに似ているかもしれない。私は「何が物足りないのか？」「何が不足しているのか？」という自分の感覚を分析してみた結果，この「RESPECTの法則」に到達した。ということは，私のように，現状に満たされない人が自己分析する際に，この法則が使えるということに他ならない。

　この7つがバランス良く機能すると，人は元気になる。バランスが悪いと，人は不安になったり，憂鬱になったり，自信喪失になったりする。人が生活の基盤を維持するための緊張状態を司る交感神経が「3K（健康，経済，家族）」，ゆったりしたときに気分を落ち着かせる副交感神経が「RESPECT」というように考えている。

　これらがすべて関連しているので，これを「3K4M―RESPECT理論」と名づけた。

第4章

自分のキャリアの棚卸し

> 第4章は，読者1人ひとりが，自分の経験を棚卸しして，将来のキャリアを考え始めるプロセスである。この内容は，菊地克幸，小倉克夫，山岸慎司の3名で，共同執筆した。

1　人の能力とは：能力の氷山モデル

　筆者らが所属する株式会社スキルアカデミーでは，人の能力を論じるとき，「能力の氷山モデル（図表4-1）」という概念を用いる。ビジネスにおいて必要な能力には，図表4-1のように，知識・スキル・コンピテンシー・価値観・動機の5つの要素がある。

　まず1番目の「知識」とは，「ある専門領域での仕事に利用可能な，知っていること」と定義する。ビジネス分野では，経営論，マーケティング論，合成

図表4-1　人の能力とは？

化学技術，自動車設計技術，品質管理技術などの特定のビジネスシーンで使う
「縦」の知（ある仕事で深く必要なこと）を意味する。

　2番目の「スキル」は，「汎用的に使える，知っているが体得するまでに訓
練が必要な技巧的能力」と定義する。ビジネス分野では，プレゼンテーション
スキルやコミュニケーションスキル，ファシリテーションスキルなど，あらゆ
るビジネスシーンで使える「横」の知（さまざまな仕事で横断的に使えること）
である。この「スキル」については，スキルアカデミー『ビジネススキル［1］
基礎スキル編』で，16の重要スキルについて学ぶことができるため，後述する。

　3番目は，「コンピテンシー」である。コンピテンシーは，「高い成果を生み
出すために，行動として安定的に発揮される能力」と定義される。コンピテン
シーについては，次節で述べる。

　4番目は，「価値観」で，「社会的役割，自己イメージから規定される意識的
欲求」と定義する。最も深い層に位置する5番目は「動機」で，「ある目標と
する状態に到達しようとする無意識かつ継続的関心や欲求」と定義する。

　キャリアプランニングでは，この「価値観」と「動機づけ」が重要であるこ
とは，第2章と第3章で述べた。第2章では，自分の価値観を「キャリア・ア
ンカー」として意識することを述べた。また，第3章では，動機づけの理論
（ブルームの期待理論，マズローの欲求5段階説）について述べた。

　第4章では，スキルとコンピテンシーに焦点を当て，「自分のキャリアの棚
卸し」を行うフレームを提供する。

2　人のスキル，コンピテンシーとは

経済産業省の「社会人基礎力」

　2006年に経済産業省が発表した「社会人基礎力」（図表4-2）は，3つの能
力と12の能力要素で構成される。これは社会に出ていく若者向けの「ビジネス
基礎力」を整理したものである。後述するように，弊社の定義でいうところの
「スキル」と「コンピテンシー」が混在しているが，キャリア支援の領域では
スタンダードになりつつあるので，これを最初に紹介する。

　社会人基礎力は，「前に踏み出す力」「考え抜く力」「チームで働く力」という３つの能力の中に，「主体性」「働きかけ力」「実行力」「課題発見力」などの12の能力要素がある。現在，高校生，大学生などのキャリア教育においては，「社会人になる準備として，これらの能力を身につけましょう」と広く使われている。

　これを見て，どのように感じるだろうか。バブル後の多くの企業は，合理化優先と企業競争の激化で社員教育に時間をかけるほど余裕がなく，こうした働くうえでの基本とされる「社会人基礎力」の研修はほとんど行われなかった。

　また，これらの社会人基礎力の多くは，今の30代以上の方は，あまり学校でも習っていないのである。昔の学校教育は，暗記重視の詰め込み型で，「主体性」「働きかけ力」「課題発見力」「発信力」「傾聴力」「柔軟性」などは，学ぶ機会が多くなかったはずである。

　過去の詰め込み型教育が，グローバル時代に合っていないということで，最近の学校カリキュラムは大きく変わっている。例えば，プレゼンテーション

図表４-２　「社会人基礎力」とは

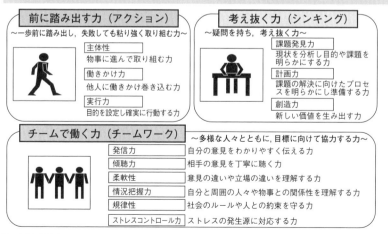

出所：経済産業省ホームページ

（働きかけ力や発信力などに対応），問題解決（課題発見力や傾聴力などに対応），プログラミング（創造力や発信力などに対応），といったプログラムが充実してきている。

　最近の若者は，人前でのプレゼンテーション力やSNSを使った情報発信力に優れていることが多い。30代以上の世代も負けてはいられない。

> ■社会人基礎力チェック
> インターネット上には，無料の「社会人基礎力の診断ツール」がたくさんある。皆さんも，自分の「社会人基礎力」をチェックしていただきたい。

人生100年時代の社会人基礎力

　さらに経済産業省は，2018年に有識者と検討し，従来の社会人基礎力に新たな視点を加え，「人生100年時代の社会人基礎力」を定義づけした（図表4-3参照）。

　社会人基礎力の3つの能力／12の能力要素を内容としつつ，能力を発揮する

図表4-3　「人生100年時代の社会人基礎力」とは

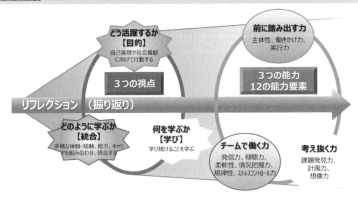

出所：経済産業省ホームページ

にあたって，自己を認識してリフレクション（振り返り）しながら，目的，学び，統合のバランスを図ることが，自らキャリアを切り拓いていくうえで必要と位置づけた。

スキルアカデミーの16スキル

　次に，スキルアカデミーでは，ビジネスパーソンにとって重要な16のスキルを定義している。（図表4-4参照）。

　図表4-4の横軸の表現力，説得力，仕事力，会話力，協働力の5つは，ビジネスシーンの分類である。縦軸は，初級（基礎スキル），中級（目的スキル），上級（複合スキル）というレベル別に，それぞれのスキルの位置づけを示している。

　それぞれのスキルの定義は，図表4-5のとおりである。定義としては簡潔すぎて，これだけだとやや言葉足らずかもしれないが，弊社の『ビジネススキル［1］基礎スキル編』（中央経済社既刊）で内容を確認すれば納得していただけるはずである。

図表4-4　16の重要スキルとスキルの全体像

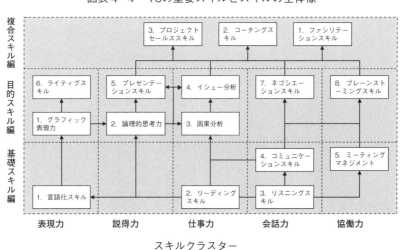

図表4-5　スキルの定義

クラスター	編	スキル	定義
表現力	基礎	1. 言語化スキル	曖昧な知識を過不足なく，皆が同じイメージを持てるよう表現する
	目的	1. グラフィック表現力	説得力を増すため，大量のデータや複雑・曖昧な概念を図にする
	目的	6. ライティングスキル	過不足なく，わかりやすく著す
説得力	目的	2. 論理的思考力	ある一定の結論に至る論を，飛躍なく説得力をもって進める
	目的	5. プレゼンテーションスキル	自分の考えを過不足なく相手に伝える
仕事力	基礎	2. リーディングスキル	読む対象を選択し，適切な速さで読み，必要な知識を獲得する
	目的	3. 因果分析	因果関係を論理の飛躍なく示し，原因・解決策を明らかにする
	目的	4. イシュー分析	錯綜する課題の真の問題点，重要度，相互の関係を明らかにする
会話力	基礎	3. リスニングスキル	相手の話を聴き，必要な情報を獲得する
	基礎	4. コミュニケーションスキル	会話により，相手との相互理解を深める
	目的	7. ネゴシエーションスキル	いやがる相手を自分の有利な結論に導く
協働力	基礎	5. ミーティングマネジメント	ミーティングを効果的，効率的に運営する
	目的	8. ブレーンストーミングスキル	集団でアイデアを出し合い，新しい発想を誘発し合う
（複合）	複合	1. ファシリテーションスキル	異種の知識を結合し，新しい知識を創造する
	複合	2. コーチングスキル	巧みな質問とアドバイスで，他者の能力や可能性を引き出す
	複合	3. プロジェクトセールススキル	知的サービスプロジェクトを巧みに売り込む

スキルアカデミーの21の基本コンピテンシー

　また，弊社では，コンピテンシーを図表4-6のようにまとめている。これは，米国のマクレランドとスペンサーらの研究をもとに，スキルアカデミーで改訂したものである。

　このマクレランドとスペンサーのコンピテンシーモデルは，世界的な人事コンサルティング会社のコーンフェリー・ヘイグループをはじめ，多くのグローバル企業が自分たちの能力標準として採用している。グローバル企業のスタンダードと言ってよい。

図表4-6　21の基本コンピテンシー

クラスター	コンピテンシー	定義
達成能力	1. 達成指向性	高い目標を設定し，目標に執着し，それを超えようと努める
	2. 徹底確認力	曖昧なこと，誤りを減らし，詳細なことに注意を払い，体系化する
	3. イニシアティブ	将来のニーズやチャンスを先取りし，行動を起こす
支援能力	4. 対人理解力	言葉で表現されなくても，相手の思考や感情を察知する
	5. 顧客指向性	サービスを受け取る顧客のために行動する
影響能力	6. 対人インパクト	論理的・感情的な影響力を意図的に活用して相手に影響を与える
	7. 組織感覚力	非公式の政治力，組織構造，風土，暗黙のルールを敏感に察知する
	8. 関係構築力	個人的な信頼関係を築き，人脈を構築しようとする
管理能力	9. 強制力	行動基準を設定し，相手をその基準どおりに行動させる
	10. チームワーク	他のメンバーを評価し，チームの円滑な運営を促進するよう行動する
	11. 育成力	他人の資質・能力を長期的に育成しようとする
	12. リーダーシップ	ビジョンを提示し，メンバーを効果的にともに働くように導き，動機づける
問題解決能力	13. 専門性	有用な新しい専門知識・スキルを習得し，ビジネスに生かそうとする
	14. 情報指向性	質・量の両側面から，執拗に情報を収集する
	15. 分析的思考力	複雑な問題を分解し，整理する，因果関係を掴む
	16. 概念的思考力	パターンを見抜いたり，考え方をつなぎ合わせ，新しい見方をつくり出す
自己管理能力	17. セルフコントロール	ストレス状況のもとでも感情的にならないで行動する
	18. 自信	自分を信じ，リスクの高い仕事に挑戦し，権力のある人と対峙する
	19. 組織指向性	組織の基準・ニーズ・目標を理解し，それを促進すべく行動する
	20. 柔軟性	状況に応じて現在の仕事のやり方や方向性，考え方を変える
	21. 誠実性	自身の考えを他者に素直に，オープンに発言し，言行が一致している

出所：スペンサー他『コンピテンシー・マネジメントの展開』マクレランド他『コンピテンシー・ブックレット』などから佐久間陽一郎氏が作成

社会人基礎力とスキルアカデミーの能力標準との関係

　経済産業省が提唱する「社会人基礎力」とスキルアカデミーの能力標準（16の重要スキル，21の基本コンピテンシー）の関係は，図表4-7のようになると考えられる。

　図表4-7で示したように，経済産業省の「12の社会人基礎力」は，弊社定義によるスキルとコンピテンシーが混在している。また，社会人基礎力は，基礎的なスキルにとどまっている。「社会人基礎力」は，スキルアカデミーの能

力標準（16の重要スキル，21の基本コンピテンシー）に包含されていると言える。

図表4-7　「社会人基礎力」と，弊社のスキル／コンピテンシーの関係

経産省の「12の社会人基礎力」は，基礎レベルのみで，スキルとコンピテンシーが混在している。中堅ビジネスパーソンは，弊社定義のスキルとコンピテンシーの獲得が必要。

3つの力	12の要素	スキルアカデミーの定義	
		スキル	コンピテンシー
前に踏み出す力	主体性		達成動機，イニシアティブ
	働きかけ力		リーダーシップ
	実行力		達成指向性
考え抜く力	課題発見力		概念的思考力
	計画力	論理的思考力，ミーティングマネジメント	分析的思考力
	創造力	ブレーンストーミングスキル	概念的思考力
チームで働く力	発信力	言語化スキル，プレゼンテーションスキル	対人インパクト
	傾聴力	リスニングスキル	
	柔軟性		柔軟性
	情報把握力	リーディングスキル	情報指向性
	規則性		徹底確認力
	ストレスコントロール力		セルフコントロールの一部

出所：佐久間陽一郎氏作成

3　ライフラインチャートを作成しよう！

　ここからは，自分のキャリアの棚卸しをしてみよう。

ライフラインチャートの作成

　最初に，キャリアを年表形式で振り返ってみる。ライフラインチャートと呼ばれる手法である。方法は簡単で，横軸に時間をとり，縦軸の真ん中を平均として，主観的な満足度を線で書くだけである。生まれてから現在までの自分の満足度を，転機となる出来事を思い出しながらフリーハンドで書いていく。

　図表4-8の例では，「小学校時代は，活発な優等生だったので，満足度が高

かった」，「中学では学校嫌いになり，満足度が低下した」，そして現在は「子会社課長に昇格し，上昇基調」といったことが示されている。これは例示なので，実際には，もっと詳細に記載する方がよいだろう。

　過去を思い出すために，自分のキャリアの参考資料を集めて，眺めてみるとよい。例えば，手帳，アルバム，日記帳などが参考になる。名刺，社内外に寄稿した記事，ブログ，Facebookなどが参考になる人もいるかもしれない。

図表4-8　ライフラインチャート（記入例）

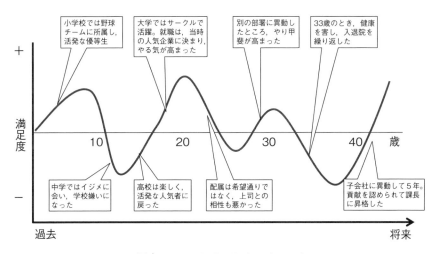

図表4-9　ライフラインチャート

　図表4-8の記入例を参考にして，図表4-9に自分のライフラインチャートを書いてみよう。忘れていた多くのことを思い出し，キャリアを考えるうえでのさまざまな気づきがあると思う。

〈ライフラインチャート作成のポイント〉
- 何歳の頃，何が起こったか。
- 大きな転機は何だったか。
- どのような成功，失敗を体験したか。
- 成功や失敗の体験により，どのように成長したか。
- モチベーションや気持ちの満足度を思い出す。

　縦軸は主観的な満足度を示すが，あなたは何を基準に曲線を描くだろうか。収入，地位，健康，家庭，人間関係，達成感など，その人の価値観により基準が変わってくる。自分の満足度の基準（あなたが大切にする価値観）は何かを知ることも，このワークの目的の1つである。

家族キャリア年表の作成

　ライフラインチャートと並行して，家族キャリア年表を作成してみよう。これは，家族全員の時間軸とイベントが入った年表である。過去の部分は，自分のキャリアを振り返る参考になる。未来の部分は，補論で行う「将来のキャリアプランニング」の参考となる。妻や子どもだけでなく，必要に応じて親世代も入れると，介護の時期なども含めて考えられる（図表4-10参照）。

　昇格・役職定年・年金受給開始などの自分のイベントに加え，妻のキャリアイベント，子どもの大学入学・卒業なども書き込むので，家族全体の長期にわたる出来事を俯瞰できる。これを家族と共有することで，自分のキャリアプランを理解し，応援してもらえる効果も期待できる。

図表4-10 家族キャリア年表（記入例）

西暦	元号	家族の年齢					家族イベント	仕事	社会の出来事など特記事項
		目分	妻	子供 I	父	母			
1975	S50	0							
1976	S51	1							
1977	S52	2							
中略									
1998	H10	23							
1999	H11	24							
2000	H12	25							
2001	H13	26							
2002	H14	27							
2003	H15	28							
2004	H16	29	27				結婚		
中略									
2012	H24	37	35	5					
2013	H25	38	36	6					
2014	H26	39	37	7			長男小学校入学		
2015	H27	40	38	8					
2016	H28	41	39	9					
2017	H29	42	40	10					
2018	H30	43	41	11					
2019		44	42	12					
2020		45	43	13					
2021		46	44	14					
2022		47	45	15					
2023		48	46	16					
中略									
2045		70	68	38			年金受給開始？		
2046		72	69	39					
2048		72	70	40					
以下略									

4　職務経歴の棚卸しをしよう！

次に，職務経歴（狭義のキャリア）の棚卸しをしてみよう。これにより，自分の能力・スキルを一覧することができる。

職務経歴の棚卸し

職務経歴（狭義のキャリア）の棚卸しとは，これまでやってきた仕事・活動などを振り返り，自分の経験を項目別に書いてみることである。仕事を通じて，「経験したこと，成果，実績」だけではなく，「学んだこと，プロセス，マネジメントのスタイル」も思い出して書き出すとよい。企業は，その人の過去の成

果・実績を買うわけではなく，その人が「自分たちの会社で何ができるか」，すなわち，「成果の再現性」を見たいのである。

図表4-11　職務経歴の棚卸しシート

期間	勤務先（会社名）	職務（部署，ポジション）	備考

1）業務内容（担当した仕事内容を，できるだけ数字などを入れ，くわしく記述する。）

2）仕事の実績，仕事で得た知識，スキル，資格など

3）具体的なエピソード（仕事で経験したこと，ほめられたこと，印象に残ったこと，悔いを残したこと等）

4）今後の課題（身につけるべき能力，資格，反省点など）

　図表4-11は，「職務経歴の棚卸し」のワークシートである。どの項目も，箇条書きでシンプルに書けばよい。「いつ，どこで，誰と，どのような状況下で，どんな成果を得たのか」という視点で考えるとよい。

0　期間，勤務先（会社名），職務（部署，ポジション）
1　業務内容：自分が担当した仕事内容を，主な職務経験ごとに，できるだけ数字を入れ，くわしく記述する。
2　仕事の実績，仕事で得た知識，スキル，資格など
3　具体的なエピソード（仕事で経験したこと，仲間やお客様からほめられたこと，印象に残ったこと，悔いを残したことなど）
4　今後の課題（身につけるべき能力，資格，反省点など）

図表4-12　職務経歴の棚卸しまとめ

No.	期間（年月〜年月） （何年何ヶ月） 会社名・部署・ポジション	職務の内容	職務の中で得られた 知識，スキル，資格	気づいたこと， 今後の課題
1	1998年4月〜2002年4月 （4年1ヶ月） ○○株式会社　××営業本部 営業スタッフ			
2				
3				
4				
5				
6				
7				

　図表4-12は「職務経歴の棚卸しまとめ」で，図表4-11のワークシート（職務経験ごとに数枚作成）のサマリーである。

```
1　期間，会社名，部署，ポジション
2　職務の内容
3　職務の中で得られた知識，スキル，資格
4　気づいたこと，今後の課題
```

　「職務経歴の棚卸し」ワークシートは，企業に提出するわけではないので，自分が思ったとおりのことを書いてよい。アピール材料にならないと思っても，箇条書きでよいので，くわしく書くことを心がける。これが，履歴書や職務経歴書のベースになるのである。

> 〈参考：履歴書，職務経歴書の作成〉
> 本書は，必ずしも転職を勧めるわけではないが，「職務経歴の棚卸し」ができた方
> は，履歴書と職務経歴書を作成してみると，さらに自分のキャリアを深く考える
> きっかけとなる。

履歴書の書き方

　下記のサイトは，厚生労働省（東京ハローワーク）の「履歴書・職務経歴書
の書き方」である。

　https://www.hellowork.go.jp/member/career_doc01.html

　この記入例を参考に，履歴書を作成してみよう。自分のキャリアを振り返る
機会になる。実際に転職するわけではないので，志望動機欄は空欄でよい。

職務経歴書の書き方

　同様に，このサイトの記入例を参考に，職務経歴書を作成してみよう。「経
験したこと，成果，実績」だけではなく，「学んだこと，プロセス，マネジメ
ントのスタイル」も思い出して書き出すとよい。経験が長い人は，初めは自分
のメモなので，長くてもよい。

　なお，職務経歴書の書き方には，年代式（時系列），逆年代式，キャリア式
（職能別）の3つがある。一般的には時系列（年代式または逆年代式）がお勧
めであるが，派遣社員で職場を次々変わっていた場合などは，キャリア式（職
能別）のほうが書きやすいことも多い。

　実際の転職では，職務経歴書は，長くてもA4用紙2～3枚にまとめるのが
よいとされる。キャリアが長いと，書きたいことが多くなるが，応募するポジ
ションに求められることにフォーカスし，すべての経験を網羅的に記述する必
要はない。

留意事項：
・業務内容を具体的に記述する。簡潔に箇条書きでよい。
・できるだけ数字（売上額，成長率，部下の人数など）や固有名詞（担当エリア，製品名，顧客名など）を入れると効果的である。
・職務で要求された能力，技術，資格などとともに，学んだこと，得られた経験も記入する。
・自己PRでも，できるだけ具体的エピソードを加えるとよい。
・全体として，相手企業の採用担当者に「会ってみたい」と思ってもらえるかどうかがポイント。

　本書は，転職支援が主旨ではないので，ここで履歴書，職務経歴書を作成するのは，自分のキャリアを棚卸しするためである。将来，必要があれば，専門のキャリアコンサルタントに相談することをお勧めする。

5　トランスファラブルスキルを探そう！

　トランスファラブル（移転可能な）スキルとは，違う業種，職種にも持ち運びできるスキルのことである。ポータブルスキルと呼ぶこともある。この場合の「スキル」は広義のスキルで「能力」と同義なので，「知識」「（狭義の）スキル」「コンピテンシー」を包含する。

トランスファラブルスキルとは何か

　トランスファラブル（移転可能な）スキルには，統一見解としての定義づけはない。そこで，ここでは3つの視点を紹介する。
1）東京労働局（ハローワーク）の就職支援セミナー資料より
　下記のような言葉をヒントにして，能力を発揮した場面を思い出してみよう。

主体性，リーダーシップ，実行力，積極的，チャレンジ精神，熱意，フットワーク，洞察力，計画性，創造力，独創性，文章力，情報収集，臨機応変，話し上手，聞き上手，打たれ強い，人づき合いが良い，物怖じしない，気配り，調整能力，責任感，ルールを守る，几帳面，迅速，集中力，勤勉，向上心，粘り強い，慎重，丁寧

　次に，リストアップした能力（主にスキル・コンピテンシー）の中で，特に自信があるものを3つ選んで，能力を発揮した場面（エピソード）についてくわしく書いてみよう。

記入例）能力項目：積極的
　28〜30歳のとき，新規事業立上げプロジェクトに若手メンバーとして参加した。主に新規市場の現地調査を担当し，市場ニーズに合致した製品開発を提案した。その後，開発部門と新製品の仕様・価格について討議を重ね，○○年に新製品が発売されるまで，市場ニーズを製品に反映できるよう積極的な働きかけを続けた。

2）厚生労働省ホームページより「一般社団法人　人材サービス産業協議会」作成
　厚生労働省では，トランスファラブルスキルではなく，「ポータブルスキル＝業種や職種が変わっても通用する，持ち出し可能な能力」と呼び，図表4-13を紹介している。
　ここでのポイントは，次の2つである。
　・「専門技能・専門知識」は，時代の流れでどんどん陳腐化していくため，継続的な学び直しが必要である。
　・「仕事のし方」，「人との関わり方」は，その人がもつ「汎用的なスキル」や「コンピテンシー」であり，これらがポータブルスキルとなる。
　くわしくは，下記の厚生労働省ホームページ「"ポータブルスキル"活用研修」資料を参照されたい。
https://www.mhlw.go.jp/file/06-Seisakujouhou-11800000-Shokugyounouryokukaihatsukyoku/0000091180.pdf

図表4-13　ポータブルスキルの構成要素

成果をあげるために重要な行動		職務遂行上，特に重要であるもの
課題を明らかにする	現状の把握	課題設定に先立つ情報収集の方法や内容，情報分析など
	課題の設定方法	設定する課題の内容（会社全体，事業・商品，組織，仕事の進め方の課題）
計画を立てる	計画の立て方	計画の期間，関係者・調整事項の多さ，前例の有無など
実行する	実際の課題遂行	本人の役割，スケジュール管理，関係者，柔軟な対応の必要性，障害の多さ，成果へのプレッシャーなど
	状況への対応	柔軟な対応の必要性，予測のしやすさなど

対人マネジメントで重要なこと		職務遂行上，特に重要であるもの
	社内対応（上司・経営層）	指示に従う必要性，提案を求められる程度，社内での役割期待など
	社外対応（顧客，パートナー）	顧客，取引先，対象者の数，関係の継続期間，関係構築の難易度など
	部下マネジメント（評価や指導）	部下の人数，評価の難しさ，指導・育成が必要なポイントなど

出所：厚生労働省ホームページ

3）キャリアチェンジエージェント・森本千賀子氏『本気の転職』より

NHKの人気番組『プロフェッショナル　仕事の流儀』にも紹介された著名なキャリアコンサルタントである森本千賀子氏は，トランスファラブルスキル（ポータブルスキル）を3つの領域に分類している。実際に多くの人材のキャリアチェンジを支援した方の考え方なので，「転職先の企業が何を見るか」がわかりやすいフレームになっている。なお，森本氏にはⅡ部第9章事例19にて自身のキャリアを紹介頂いている。

① ヒューマンスキル：他者との関係を正しく良好に構築していくスキル

・主張力　意見や考えを言う力

・否定力　意見や提言を否定できる力

・説得力　人を納得させる力

・統率力　集団を監督・指図する力

・傾聴力　真剣に話を聞き理解する力

・受容力　人の要求を聞き入れる力

・支援力　人や集団をサポートする力

　　　・強調力　人や集団と力を合わせる力

　② セルフコントロールスキル：自分自身をマネジメントするスキル

　　　・慎重力　注意深く行動する力

　　　・自制力　自分の欲求を抑える力

　　　・忍耐力　苦しみや怒りを抑える力

　　　・規律力　秩序どおり事を進める力

　　　・冒険力　危険を恐れず行動する力

　　　・高揚力　自分のやる気を出す力

　　　・柔軟力　変化に対応する力

　　　・曖昧力　曖昧さを受け入れる力

　③ タスクマネジメントスキル：仕事を円滑に遂行するうえで必要な思考や

　　　行動のスキル

　　　・持続力　一定状態を継続する力

　　　・推進力　物事を前に進める力

　　　・機動力　素早く状況に対応する力

　　　・創造力　考えを発想・発展させる力

　　　・瞬発力　集中的に力を発揮する力

　　　・変革力　物事を新しく変える力

　　　・確動力　確実に実行する力

　　　・分析力　物事の仕組みを解明する力

　以上の3つの視点（ 1）東京労働局, 2）厚生労働省, 3）森本千賀子氏
の定義）を,「トランスファラブルスキル」, すなわち自分が次のキャリアへ持
ち運べる能力を考える参考にしていただきたい。

6　生涯収入試算表を作成してみよう！

　キャリアプランを考えるうえで, 経済面を避けるわけにはいかない。関連企
業への転籍, 定年延長による給与減, 社外への転職, 起業・独立などを考える
とき, 次のアプローチが有効である。

図表4-14 生涯収入試算表（フォーマット例）

| 年 | 年齢 | 過去の夫収入 | | 将来の夫収入 | | | 妻収入 | その他収入 | | 収入合計 |
		会社・部署	年収	ベスト	目標	ワースト		資産運用	その他	
1997	22									
1998	23									
1999	24									
2000	25									
2001	26									
2002	27									
2003	28									
		中略								
2008	33									
2009	34									
2010	35									
2011	36									
2012	37									
2013	38									
2014	39									
2015	40									
2016	41									
2017	42									
2018	43									
2019	44									
2020	45									
		中略								
2030	55									
2031	56									
2032	57									
		中略								
2035	60									
2036	61									
2037	62									
2038	63									
		中略								
2055	80									
		小計								
		累計								

生涯収入試算表（図表4-14）の作成
- 社会に出てから，これまでの毎年の収入（実績）を記入。
- 将来のキャリアチェンジを行う場合の収入（予測）を，ベスト（想定される最良の場合），ターゲット（目標），ワースト（想定される最悪の場合）の3つのシナリオで考える。
- 例えば，現職を定年まで続ける場合，転職する場合などの毎年の収入を試算する。パートナーが働いている場合は，2人の合算も試算する。

　この試算を行って，人生トータルで，この程度の生涯収入が得られれば良いと思うラインを決めると，長い間に浮き沈みがあっても，長期的な視点で考えられる。また，家族（パートナー）の同意や協力を得るうえでも有効である。

　転職などの転機においては，短期的な収入アップよりも，長期的な視点でキャリア開発を考えることが大切である。例えば，一時的に収入が減っても，もしその転機によって，ある専門スキルが身につき，70歳以上まで長く働けるのであれば，生涯収入は高くなるかもしれない。あるいは，ワークライフバランスを重視して，パートナー（配偶者）と家事をシェアすることにして，パートナーが働ければ，そのほうが家庭全体では収入が多いかもしれない。

生涯収入の詳細は，厚生労働省の試算（下記サイト）などを参照されたい。
　https://www.jil.go.jp/kokunai/statistics/kako/2017/documents/useful2017_21_
　p304-348.pdf
また，生涯にわたり，支出がいくらになりそうかの試算は煩雑になるが，興味ある方は，総務省統計局のデータなどを参考にされることをお勧めする。

7　能力とキャリアデザインの関係とは

　第4章の最後に，能力とキャリアデザインの関係について，まとめておこう。

　キャリアデザインとは，「自己の中にある使われていない能力に気づき，それを発揮すること」である。自分の「ナビゲーション能力」を働かせて，キャリアの目標を設定し，それに向かって行動すること，とも言い換えられる。

　図表4-1に示した「人の能力の氷山モデル」の下のレベルに行くほど，実は能力が顕在化していないことが多い。つまり，自分の知識レベルはある程度自覚していても，自分のスキルやコンピテンシーが何であるかの自覚が足りず，実際にはその能力に気づいていない，使っていないことがある。これらの能力も含め，次のキャリアで再現性が発揮できる「トランスファラブルスキル」を確認していただきたい。

　第2章で述べたように，「人生の正午」は全体を見直す好機である。誰もが，

忘れている能力，使っていない能力がある。「潜在埋蔵力」と言ってもよい。自分の潜在埋蔵力に気づき，これまでの経験も活かし，次のキャリアデザインに役立てていただきたい。

Column　セルフ・キャリアドック

　自律的なキャリア形成を支援するため，厚生労働省は「セルフ・キャリアドック」の導入を具体化しようとしている。2018年1月に，「セルフ・キャリアドック　導入の方針と展開」が発表された（座長：慶應義塾大学　花田光世名誉教授）。今後，各企業で，人事制度や社内規定に組み込まれていくと考えられる。

　セルフ・キャリアドックとは，「企業がその人材育成ビジョン・方針に基づき，キャリアコンサルティング面談とキャリア研修を組み合わせて，従業員の主体的なキャリア形成を促進・支援する総合的な取り組み，および企業内の仕組み」のことである。

　従来の主な人材育成施策は，組織の視点に立った「組織にとって必要なマインドスキル，知識の獲得を目指す」という観点から行われてきた。これに対して，セルフ・キャリアドックは，企業・組織の視点に加えて，「従業員1人ひとりが主体性を発揮し，キャリア開発を実践する」ことを重視する人材育成・支援を促進する仕組みである。この仕組みでは，中長期的視点で，従業員1人ひとりが自己のキャリアビジョンを描き，その達成のために，職業生活の節目での自己点検や実践に活用する取り組みプロセスを提供する。

　厚生労働省の指針では，企業がセルフ・キャリアドックを経営問題として規定することを求めている。具体的には，以下のような従業員への支援を行う必要がある。

① キャリア健診・組織風土・モラルサーベイなどによる，組織レベルの職業生活の設計に対する組織レベル，職場レベルの支援

② 職場開発・組織開発・職場ぐるみ訓練といった職場レベルでの職業生活設計と能力開発を活用した支援

③ 管理者によるキャリア面談の実施とその支援

④ OJTなどを通した現場レベルでの仕事に対する能力の改善・工夫の支援

⑤ 360度評価／フィードバックなどを通した個人の能力開発の多面性の確保

⑥ キャリアコンサルティング面談の結果や職業生活の設計とそのための能

力開発に関わる多面的なデータをまとめたデータベース作成などによる，個々人の情報を一元化した，支援のメカニズムの運用効果の向上

企業に対しては，社員の年代別に，面談と研修の連携活動が求められる。また，特定の課題・条件としては，若手社員の定着支援，育児・介護関連，中堅社員のキャリア支援，シニア層やポストオフ前後の研修などが，セルフ・キャリアドックで提起されることになる。今後の企業の導入の動きに注目していきたい。

第 Ⅱ 部

20人の先行事例に学ぶ

　第Ⅱ部では，キャリアチェンジを実践した20人の先行事例を紹介する。新聞や雑誌によくある「社会的に大成功した起業家や大手企業社長」のキャリアストーリーは，時代背景が異なり，才能と運に恵まれた人の「過去の自慢話」になりがちである。そのため，現在悩んでいる30代，40代の方には，あまり参考にならないことが多い。

　本書では，読者の方が身近に感じられる，読者が参考にできそうだと思える方々のキャリアストーリーを掲載する。いずれも本書のためにインタビューに応じてくれた現役のビジネスパーソンで，その多くは，新聞や雑誌に採り上げられるほどの著名人ではないが，それぞれの仕事領域で大きな成功を収めている方である。

　ここでは，キャリアチェンジを「新卒入社企業で50歳以上まで継続」「日本企業に転職」「外資系企業に転職」「ベンチャー企業に転職」「独立・起業を実現」の５つのパターンに分類し，それぞれ４名のストーリーを紹介する。ぜひ，自分のキャリアデザインの参考にしていただきたい。

第5章
新卒入社企業で50歳以上まで継続

> 第5章は，新卒で日本企業に入社後，50歳過ぎまで30年以上勤務し，その後，次のキャリアに転じた4名をご紹介する。
> 事例1：岩本紳吾氏「国内製薬企業から外資系製薬企業社長へ」
> 事例2：木村勝氏　「大手企業を退職後，人事の専門家として独立」
> 事例3：柚山英樹氏「海外駐在経験を活かし，タイ現地法人社長へ」
> 事例4：小倉克夫氏「大手企業を57歳で退社し，充実のセカンドキャリアへ」
> 1つの会社に長く勤務した後でも，このようなキャリアチェンジができるというお手本の方々である。

事例1　国内製薬企業から外資系製薬企業社長へ─岩本紳吾氏

　岩本紳吾氏は，大手製薬企業の山之内製薬（現アステラス製薬）の国内営業としてキャリアを積み，40歳以降，海外畑にシフトした。同社のフィリピン現地法人社長や国内の要職を歴任した後，52歳で外資系製薬企業の営業トップに転職。現在は，南アフリカに本社を有するグローバル製薬企業，アスペンジャパン株式会社の代表取締役社長である。

　国内企業で30年勤務した後，外資系企業の営業トップや社長に転身するキャリアは，多くのビジネスパーソンがあこがれる理想形の1つではないだろうか。

少年時代から大学まで：強豪バレーボール部でリーダーシップを発揮

　岩本氏は，東京都大田区で1960年に生まれた。子どもの頃は，近くの多摩川で，よく昆虫採集や魚釣りをして遊んでいた。生物が好きで，友だちが多い活発な少年であった。

　中学では，バレーボール部に入部した。地元の公立中学は，東京都優勝を目指す強豪校で，そこでキャプテンを務めた。高校は，バレーボールの強豪である明大中野高校に進んだ。全国優勝を目指す高校で，練習は厳しかった。

　この強豪高校でも，岩本氏はキャプテンを務めた。当時は，今考えると信じられないような根性論が一般的であったが，岩本氏は「自分たちの代になったら，バレーボールが強くなるためには意味のない，悪しき習慣はやめていこう」と考え，実行に移した。OBたちとの軋轢はあったが，論理的に説明し，熱意と信念で乗り切った。このバレーボール部でのリーダーシップ経験が，現在のマネジメントにも活きている。

　大学は，生物が好きだったので，明治大学の農学部に進んだ。大学でもバレーボールが中心の生活を送った。4年生になり，就職を考える時期には，看護師の母上から「製薬企業がこれから成長していくのでは？」との助言を受け，製薬企業を受けることにした。

　多くの製薬企業の中で，業界で5位から10位くらいの会社が，自分が伸び伸びと仕事をできる気がしたため，当時は業界7位だった山之内製薬を受けた。最初に面接を受けた企業であったが，内定をもらうことができたので，他の会社はほとんど見ずに入社を決めた。

山之内製薬に就職：営業部のエースとして活躍

　1983年，山之内製薬に入社した。医薬品営業として，大田区の開業医を2年担当した後，慈恵医大病院担当を5年，女子医大病院担当を11年務めた。大学病院担当は，製薬企業の営業として花形の仕事である。全国的に著名な医師に日々お会いし，情報を提供し，ときには新薬開発を支援していただいたり，自社製品に関連する学会発表をしていただいたりと，充実していた。会社も次々と新薬を発売し，上昇基調で製薬業界での順位を上げていった。

　営業として最後のポジションは，大阪営業所長であった。ここで2年余りを経験した後，国際事業本部に異動になった。これがキャリアの大きな分岐点であった。実はその頃，山之内製薬は海外展開を進めており，上司の営業本部長

が，これからは営業畑のマネジャーも外国人と英語で話せるようにならないといけないと言い，岩本氏を国際事業本部に送り出してくれたのだ。

　国際事業本部に移った43歳のとき，イギリスに4ヵ月の語学研修に行く機会を得た。それまで英語に興味があったわけではないので，言葉を話せず，とても苦労した。当初は，言葉を話せないストレスで声が出なくなるほどであった。また，外国人は，給与や税金や保険のことなど，ビジネスパーソンとしての基本事項を，自分で何でもマネージできることにも驚いた。日本の大企業社員と海外のビジネスパーソンとの違いに接し，カルチャーショックを受けた。

フィリピンの現地法人社長へ：英語力と幅広い業務経験を積む

　イギリスから帰国後，2004年にフィリピン山之内製薬の社長に任命された。実は米国に赴任したかったが，社長を経験する機会を得たことは，今考えると幸運であった。フィリピンは治安と子どもの学校の問題があり，単身で赴任した。

　フィリピン山之内製薬は，100人余りの従業員の中で，日本人は社長の岩本氏だけという環境であった。赴任当初は英語力もまだ不十分であったが，日々の仕事をすべて英語でこなすうちに，コミュニケーションに問題がないレベルに上達した。小さい会社の社長として，それまで経験がなかった経理，財務，人事，サプライチェーンマネジメントなどを幅広く経験することができた。特に，日本とは異なるカトリックが中心の文化のフィリピンで，採用，給与，退職などに関する人事面のマネジメントに最も苦労した。

　フィリピンで5年半を社長として過ごし，2009年に帰国した。フィリピン駐在中に，山之内製薬は藤沢薬品工業と合併し，アステラス製薬が設立された。岩本氏は，アジア事業本部の東南アジア担当から，営業本部の営業戦略部，メディカルアフェアーズ部門の立上げなどの重要なポジションを歴任した。しかし，営業現場から離れてしまったことに物足りなさを感じていた。

外資系企業へ転身：ジェネリック医薬品の営業本部長，社長として

　2014年，30年勤務した山之内製薬（現アステラス製薬）を退社し，テバ製薬

株式会社（現　武田テバファーマ株式会社）の営業本部長に転身した。外資系
への転職には少し不安もあったが，最もやりたかった営業トップの仕事だった
ので，チャレンジすることを決断した。

　テバ製薬は，イスラエルに本社を有する世界トップのジェネリック医薬品企
業である。ジェネリック医薬品（後発医薬品）とは，ある医薬品（先発医薬
品）の特許が切れた後，同じ成分の医薬品を安価で販売するもので，日本の医
薬品業界ではまだ存在感が低かった。しかし，岩本氏はフィリピン赴任時に，
途上国では先発医薬品を買える患者は少ないので，安価なジェネリック医薬品
の社会的意義を感じていた。ちょうど日本でも，厚生労働省が国民医療費の上
昇を抑えるため，ジェネリック医薬品を積極的に使用することを推進し始めた
時期でもあった。

　岩本氏は，念願の営業トップとして，営業部員に対してリーダーシップを発
揮した。先発医薬品と同等であることを説明するため，ジェネリック医薬品の
製造法や製剤について，原料や原薬までさかのぼってくわしく勉強することで，
営業の説得力を高めた。

　一方，外資系企業の日本法人として，イスラエル本社との折衝など，難しい
仕事も経験した。例えば，日本法人の営業戦略を策定するため，日本の医療制
度や薬価改定の仕組みを説明して理解してもらうことに労力を費やした。また，
需要が急速に伸びて，国内で欠品が起こってしまい，顧客に謝罪して回ること
も経験した。外資系企業に移り，これまでは大手の日本企業で守られていたこ
とを実感した。

　ところが，テバ製薬での仕事が軌道に乗ってきた頃，テバが武田薬品と合弁
会社を設立することになった。その移行プロジェクトに参画しているとき，タ
イミング良く知人の紹介により，現在勤務するアスペン社から日本法人の社長
のオファーをもらった。

　2016年3月にアスペンジャパン株式会社の代表取締役社長に就任し，4年が
経過した。着任時の国内売上は50億円であったが，すでに3倍以上になり，
2020年の目標は売上300億円である。現在は，売上目標達成を追求するだけで

はなく，社員140名（契約社員含む）が仕事にプライドをもって，豊かな生活を送れるために全力を尽くしている。

30代，40代の方へのアドバイス：得意なこと以外にもチャレンジすべき

外資系の良いところは，意思決定が早く，成果を評価してもらえることにある。「成果を出す，結果にこだわる」ことができる人が，外資系企業に向いていると思う。

若いときから，「誰にも負けないことを１つつくる」ことが大切だと思う。ただし，自分が好きな仕事以外にもチャレンジすることが，仕事の幅を広げるために役立つ。自分は国内営業の仕事から海外畑に異動したことで，英語を学び，フィリピン法人で経理や人事を学んだことが，その後のキャリアにつながった。自分が与えられた仕事をまずしっかりと行い，無駄だと感じる仕事にも受け身にならず，チャレンジしていくことが必要だと思う。

また，土日は家に仕事を持ち帰らず，スイッチを切り替えることを習慣にしている。現在は，幹部に対し，土日に一般社員の部下向けのメールを出さないよう指導している。自らも週末はゴルフやジムなどでリフレッシュすることを心がけている。

編集ノート

- バレーボールで培った「結果へのこだわり」と「リーダーシップ」が，現在のキャリアのベースになっているとお話しいただいた。外資系企業で求められる「結果を出し続ける精神的タフさ」をおもちの，素晴らしいリーダーであるとお見受けした。
- キャリアとしては，①国内営業から国際事業部への異動，②外資系企業の営業トップに転身，③別の外資系企業の社長への転身，が大きな分岐点と思われる。いずれも，自らがキャリアチェンジを働きかけたというよりも，日々の仕事に一生懸命に向き合っていた姿を，周囲の誰かが見ていて，支援してくれたように思われることが興味深い。

事例2　大手企業を退職後，人事の専門家として独立—木村勝氏

　木村勝氏は，日産自動車株式会社で主に人事畑で長く勤務した後，53歳で独立し，人事業務請負「リスタートサポート木村勝事務所」を開設した。個人事業主として独立後も，インディペンデント・コントラクター（独立請負人）として民間企業の人事部に籍を置き，日々発生する人事課題に対応する現役の人事マンである。特に中高年のキャリア支援を得意とし「中高年専門ライフデザインアドバイザー」の肩書きももつ。

　また，国立大学法人電気通信大学の特任講師や，一般社団法人ビューティフルエージング協会の事務局も務める。『働けるうちは働きたい人のためのキャリアの教科書』（朝日新聞出版，2017年）『知らないと後悔する定年後の働き方』（フォレスト出版，2019年）や人事関連誌への寄稿なども多く，企業におけるシニア社員活性化のための講演・セミナーも精力的に行っている。大企業での経験を活かしたセカンドキャリアの実践家として，ロールモデルの1つと考えられる。

少年時代から大学まで：大学ゼミで人事労務を専攻

　木村氏は，1961年，東京都板橋区で生まれ，小学校3年から高校までは埼玉県上福岡市（現ふじみ野市）で育った。ごく普通のサラリーマン家庭で，家庭環境が後のキャリアに影響した部分はあまりないと考えている。強いて言えば，父親が印刷工場の現場勤務であり，油のにおいのする工場でのバザーなどのイベントに子ども時代から参加していたので，モノづくりの現場，すなわちメーカーへの興味が高まった部分はあるかもしれない。

　部活動は，中学時代はバスケット部（副部長），高校時代は郷土部に所属していた。高校までは，特に目立った生徒ではなかった。読書はとても好きで，司馬遼太郎の『街道をゆく』などを高校時代から読んでいた。理数系の科目が苦手だったことと日本史好きということで文系を選択した。「特にこれがやりたい」といった意識の高い学生ではなかった。

一橋大学に入学し，鉄道研究会で全国のJR路線を乗り回った。ゼミナールは，社会学部津田眞澂教授の講座で，日本的経営・労使関係を研究した。大学で人事労務管理の勉強をすることは珍しい。したがって，このゼミの出身者はメーカーの人事，労働組合関係などに勤務している人が多い。ゼミで日本的経営の勉強をしていたので，その当時日本経済の牽引役だったモノづくり企業に興味をもち，メーカーを志望した。「自動車好き＆関東メインの会社」ということで日産自動車に入社を決めた。

若手社会人時代：メーカー人事マンとしての基本を体得

1984年，日産自動車に入社した。3ヵ月の工場研修の後，ゼミの専門が関係したのか，人事部門に配属になった。入社時点では特に将来を見据えたキャリアプランはもっていなかった。せっかく有名企業に入ったので長く働き，課長くらいまでなれればいいな，くらいの意識だった。

新人時代は，横浜にあるエンジン工場の総務部人事課で，給与・評価業務を担当した。モノづくりの付加価値を生み出す工場の現場で近いところで仕事ができたことで，メーカー人事マンに要求される「理屈だけではない，現場重視のマインド」が醸成された。

その頃は人事課も体制が厚く，毎年1名の新卒配属があったので，先輩・後輩の関係の中でじっくりと現場経験ができたことは非常に良かった。日本企業の場合，入社した会社での長期間での就業を前提としているので，表面的な付き合いではすぐに素性がバレてしまう。現場に近いところで働くほど，自分の強いところだけでなく，弱いところまで自己開示して周囲の信頼を得ていく必要がある。こうしてつくられた関係は，チームでの成果を上げるうえで強力な武器になる。

その後も，どこの職場においても，こうした人間関係・人脈を大事にすることを意識した。「後ろ足で砂をかける」ような気持ちで異動や転職をすると，後々しっぺ返しがくるような気がする。入社以来，お付き合いさせていただいたどの職場の方も，今の財産になっている。

　入社３年目，滋賀県彦根市の販売子会社に新車営業職で出向した。当時は会社業績が良くなかったため，多くの内勤者が販売会社に出向させられた。営業職は自分にはできないと思い込んでいたが，１対１の面談などには意外に適性があるのではないか，と少し自信につながった。ジョハリの窓でいうところの「気がつかない窓」が少し「開放の窓」に移行した感じである（注１）。

　２年間の営業部門への出向の後，日産本社で海外人事を数年担当し，30代前半で購買部門に異動になった。購買への異動は希望したものではなく，会社が購買部門に力を入れる戦略だったためである。営業に続き，「人事以外」を経験できたのは，後で振り返ると良い経験になったが，３年間の購買部門の時期は，正直なところ，あまり仕事に前のめりにはなれなかった。

注１）自己分析の手法で，自分の性格・特徴を「自分が知っている・知らない」×「他人が知っている・知らない」という４つの区分で考える。この中で「自分も他人も知っている部分（開放の窓）」を増やせば，自己理解が深まるとする。

キャリアの節目：病気や出向をプラスに転換

　キャリアにおいては，３つの大きな節目があった。１つ目は，35歳のときに急性心筋梗塞で倒れたことである。翌月に長男が生まれるという時期だったため，「人間いつ死ぬかわからない」「今は我慢して後で楽しもうという考えは机上の空論であり，リスクである」ことを体感した。このとき，将来独立可能な資格ということで，セーフティネット的な意味合いで行政書士の資格を取得した。

　また，40歳前には，２度目の出向で日本自動車工業会に勤務し，工業会における人事的役割を担当した。自社だけでなく，自動車業界他社の方々とお付き合いできたことは，視野の拡大という意味でたいへん効果的であった。少し，会社への呪縛が解けた感じがした。

　２つ目の節目は，44歳のとき，３度目の出向で，人事の関係会社に管理部長として異動し，１年後に転籍したことである。大企業から離れたことで，ある意味，大企業病を吹っ切ることができた。このとき，ビューティフルエージン

グ協会（BAA）（注2）のライフデザインアドバイザー講座を社命で受講し，自分の将来計画を初めて立てた。現在の仕事への布石はこの研修受講がきっかけになっている。

この出向は，どうしても専門特化しがちな人事スキルを，今一度，基本的な実務レベルから磨き上げる絶好の機会になった。出向先は，規模も小さい企業になる場合が多く，管理部長といえども担当レベルの業務から総務・経理・法務の仕事までこなす必要があった。40代半ばで，給与をもらいながら人事の現場実践をもう一度できたことは，振り返るとたいへん贅沢な時期だった。人事の専門家としての今のキャリアにつながる経験は，3度目の出向で得られた部分が極めて大きい。

3つ目の節目は，所属する関係会社が外資系に売却になり，人事としての役割が変化したことである。従来は，人事制度企画のみならず「会社の何でも屋」として走り回っていることが評価された。外資系になると，事業ラインのサポート職の色合いが強くなり，採用，研修，評価など決まった領域での貢献が求められるようになり，何でも屋として貢献してきたという自信が揺らいできた。

注2）設立25年を迎えた一般社団法人で，個人と社会に働きかけて「人生100年時代に美しく年をとる」ことの実現を目指す。企業の内外でコンサルタント，カウンセラーとして活躍するライフデザインアドバイザーを養成している。

人事の専門家として独立：エイジレスな働き方の実現へ

2014年，53歳で人事の専門家として独立した。今は，「雇われず・雇わない」というインディペンデント・コントラクター（IC）的な仕事の仕方に共感し，人事領域のICとして働いている。人事のコンサルタントというより，その組織のメンバーの1人として特定の企業に入り込み，その中で自分なりの人事の専門性を発揮してクライアントに貢献するようなイメージである。

人事の専門家には研修，採用，カウンセリング系の人は多いが，給与，人事制度企画，工場現場管理，労働組合対応まで，広範な人事労務全般を実務で担

当した人は少ない印象がある。そのような経験をもつ人は，独立せずに企業内で活躍している場合が多いためだと推測する。

　今後の目標は，「年齢にかかわらず働けるエイジレスな働き方」の実現である。1つの会社だけでなく複数の関与先とパラレルで仕事をし，実務に強い専門家としてご縁があった職場の若手社員に，ノウハウなどを徹底的に伝えていきたい。やはり自分が育った会社と同じような規模，雰囲気の会社との相性がいいので，独立する方は，今までの経験した会社と似た規模の会社に重点を置いてターゲットとしたほうがいいのではないかと思う。

　シニア層は，今の若者では経験できないオペレーション経験をもつことが多い（オペレーション業務はどんどん外部へ委託してしまっているため）。AI（人工知能）やRPA（ロボティック・プロセス・オートメーション）が進めば進むほど，オペレーションの原理原則の理解が必要になる。こうした厚みあるキャリアを蓄積してきたシニア層の活躍の場を広げていくような仕事をしたいと考えているそうだ。

30代，40代の方へのアドバイス：個人事業主の視点で仕事に取り組む

　現在の仕事に行き詰まりを感じた人は，会社での8時間を無駄な時間として過ごすのはもったいない。たっぷり時間をかけて考え抜いたうえで，10年後の方向性を見定め，そこから逆算して個人事業主になったことを想定して今の仕事に取り組むことをお勧めする。

　つまり，そのときの仕事をイヤイヤやるのではなく，個人事業主としての「将来の自分の武器・商品づくり」をしているというマインドで取り組むと良いだろう。今担当している仕事は今しかできず，そこでしか得られないノウハウがたくさんある。それを自分のものとして体系化したり，ケーススタディとしてまとめたりして血肉化していけば，将来キャリアのかけがえのない武器になるはずである。

- 30年の会社生活のうち，営業2年，購買3年以外は，人事関係の経験。これを活かし，人事の専門家，「中高年専門ライフデザインアドバイザー」として独立された事例は，日本の大企業で長年勤務している方にとって，良いお手本になると考えられる。
- 会社の都合で人事異動や出向をさせられたことを，プラスに転換して考えられる点にも示唆が多い。特に，3回の出向は，営業活動で新たな自分の発見，業界団体から自社を俯瞰，人事オペレーション会社で実務を再経験という，それぞれその後のキャリアにつながる成長の場として活かしている。
- 木村氏が強調しているように，個人事業主になったつもりで，「将来の自分の武器・商品づくり」をしているというマインドで，日々の仕事に取り組む姿勢は，非常に重要であろう。

事例3　海外駐在経験を活かし，タイ現地法人社長へ—柚山英樹氏

　柚山英樹氏は，松下電器産業（現パナソニック）株式会社に入社し，主に電子部品の営業畑を歩んできた。キャリアの途中から海外部門に異動になり，タイ，ドイツ，中国で駐在生活を送った。

　2017年，55歳を迎えるとき，32年間勤務したパナソニックを退社し，日本の中堅部品商社であるN社のタイ現地法人社長として転職した。日本の大企業に長く勤務し，その経験を活かしてセカンドキャリアを築くという理想的なキャリアモデルの1つと考えられる。

少年時代から大学まで：父の苦労を見て大企業を志望

　柚山英樹氏は，1961年に北九州で生まれた。幼少時に，父の仕事の関係で千葉県に転居し，小学校3年からは東京都杉並区で育った。父は北九州で石炭関連の大手企業に勤務していたが，石炭産業の衰退により，柚山氏が小学校に上がる頃，その会社は倒産してしまった。その後，父は仲間と小さな商事会社を

つくり，そこで働いていた。

　柚山少年は，中学校から軟式テニスを始めた。高校は地元の東京都立西高校に進み，軟式テニス部のエースで副キャプテンを務めた。大学は慶應義塾大学法学部に進み，ここでも軟式テニスサークルで活躍した。

　就職活動では，「無くならないモノを扱う大企業」を志望した。父のいた石炭会社の倒産時に，父が苦労する姿を見ていたため，安定した大企業に入ることが，親孝行にもなると考えていた。電力会社やガス会社も考えたが，当時はまだ創業者の松下幸之助氏が存命で，明るく勢いのあった松下電器産業株式会社に入社を決めた。

松下電器産業の部品事業に入社：北関東営業所からタイの新設子会社へ

　1985年，松下電器産業（現パナソニック）に入社した。半年余りの製造・販売店実習の後，北関東インダストリー営業所の営業担当に配属になった。インダストリー事業とは，松下の内製部品を他社に販売する仕事である。柚山氏は，オーディオビジュアル製品（テレビ，ビデオなど）の部品の営業を担当した。主な顧客は，東芝深谷工場であった。

　柚山氏は，ここで12年近くを過ごした。この間に，営業担当から営業主任，主事へと順調に昇格した。新人から10年以上も異動がないのは珍しかったが，顧客密着型の営業活動を推進し，売上も順調に伸びていたため，前向きに考えていた。

　入社12年目の1997年，大きな転機が訪れた。パナソニック・インダストリー・タイ株式会社への異動を命ぜられたのである。当時は円高の進展により，エレクトロニクス製品の国内生産から海外工場へのシフトが急速に進む時期であった。パナソニックも，顧客の海外移転にともない，東南アジアでの営業活動を強化しており，シンガポール，マレーシアに続き，タイに新設の販売会社を設立した。

　柚山氏は，タイのAV&CC（オーディオビジュアル＆コンピュータ・コミュニケーション）営業部の責任者として，30代半ばで部下35名をもつことになっ

た。海外畑ではなかった柚山氏が抜擢されたのは，北関東営業所時代に接点が
あった方が，タイ子会社の社長に就任したためであった。「人の縁」に深く感
謝した。

　このAV&CC営業部には，日本人は4名しかおらず，部下は全員タイ人で
あった。慣れない英語とタイ語を駆使して現地スタッフとコミュニケーション
をとりながら，新規顧客開拓の営業活動を牽引した。

　タイでは結局，5年半，勤務した。現地社員と一体になって，「顧客の生産
ラインを絶対に守る」活動を徹底し，顧客の信頼を得ることで，売上は5年で
3倍になった。家族（妻と小学校4年を筆頭に3人の子どもたち）もバンコク
に帯同し，充実した日々を送った。

スイス留学を経て帰国：重要顧客担当から，再び海外で活躍

　タイ勤務の後，全社から5，6名しか選抜されない，ビジネススクール留学
の機会を得た。自分が希望していたわけではなく，スイスの名門ビジネスス
クールIMDへの留学を命ぜられた。これは幹部候補生として非常に名誉なこ
とで，タイの新規市場開拓で苦労したことへのご褒美の意味合いもあったよう
だ。IMDの短期MBAプログラムで経営全般について学び，英語力をブラッ
シュアップする好機であった。

　2003年，日本のインダストリー営業本部に戻り，京滋営業所を経て，新設の
シャープ営業グループマネジャーに着任した。当時のシャープは，液晶の工場
を新設し，最重点顧客であった。柚山氏は，数十名の部下をもち，高い販売目
標達成に向けて邁進した。

　2007年，再び，海外駐在の機会が訪れた。今度は，パナソニック・インダス
トリー・ヨーロッパ社の取締役として，ドイツ・ミュンヘンに赴任した。プロ
ダクトマーケティングを担当し，自動車やメディカル領域の新規顧客開拓に努
めた。

　2年半のドイツ勤務の後，2010年に日本に戻り，愛知県のパナソニック・エ
コシステムズ株式会社の工場で，デバイスビジネスの企画・営業を統括するポ

ジションに就いた。環境エネルギー領域の新規事業の成長に貢献した。

　2016年，3回目の海外赴任を命ぜられ，中国・上海のパナソニックグループの部品販売会社に着任した。現地社長のマネジメント補佐として，事業企画を担当した。

55歳で早期退職を決意：タイN社の社長に就任

　2016年，55歳の柚山氏は，2回目の大きな転機を迎えた。パナソニックグループは，恒常的に早期退職制度を設けていたが，ちょうどその頃，中国での仕事に対し物足りなさを感じ始めていた。これまでは営業部隊をリードする役割であったが，中国では現地社長の補佐役で，大きな責任がともなうわけでもない。また，55歳で早期退職すると，退職金の上乗せ分が大きいこともわかっていた。

　そのとき，N社のタイ現地法人社長としての可能性を求め，扉をたたいた。そしてセカンドキャリアとして，同社への転身を決意した。N社とは，以前からパナソニックの代理店として面識があった。

　収入は下がり，単身赴任になるが，自分の経験を必要としてくれる企業で，責任ある仕事を任されることが魅力的であった。N社のタイ法人社長は一国一城の主で，大いにやりがいを感じている。一方，小さい組織なので，何でも自分でやらないといけない。営業はもちろん，経理，財務，人事，総務などの管理全般，週末の清掃までが自分の仕事である。若い頃から職能の壁を越えて，幅広く興味をもって仕事を広げたことが，今に活きていると感じている。

30代，40代の方へのアドバイス：常に熱意と意欲をもって仕事に取り組む

　そのときの仕事に熱意と意欲をもって，一生懸命に取り組むことが何よりも大切だ。その仕事を通じて自然に構築される「人のネットワーク」が，後に「ご縁」となって，次のキャリアにプラスになる体験を何度も重ねてきた。

　また，セカンドキャリアについては，カネ（収入）ではなく，やりがいや生きがい，熱意をもう一度もてるかどうかで決めると良いと思う。小さな組織に

移る場合が多いので，マネジメント能力だけではなく，自分で自己完結できるように幅広い実務能力を身につけておくと，きっと役立つと思う。

> **編集ノート** 🖊
>
> ・大企業の配属や人事異動は，自分の意思や希望ではないことが多い。柚山氏は，どんな状況でも，異動を前向きに受け入れ，日々の仕事に努力を重ねてこられたに違いない。その結果，世界的大企業で素晴らしいキャリアを築いてこられた。そして今，ご縁を得て，これまでの経験を活かすセカンドキャリアを実現されている。
> ・日本の多くの中堅企業から見ると，柚山氏の経歴（新規開拓営業，タイ・欧州・中国での駐在，スイス留学，工場勤務）は，ノドから手が出るほどほしい人材であろう。ただし，中堅企業の海外法人は規模が小さいことが多いので，柚山氏が述べているように，営業・人事・経理・サプライチェーンなどの幅広い業務の実務能力も合わせて必要になる。そのため，部下にやらせるのではなく，自分で何でも手を動かすという気持ちの切り替えが大切かもしれない。

事例4　大手企業を57歳で退社し，充実のセカンドキャリアへ―小倉克夫氏

　小倉克夫氏は，本書の共同執筆者の1人である。57歳で大手国内企業（富士写真フイルム株式会社）を早期退職後，キャリア支援の道に進んだ。セカンドキャリアとして始めたキャリア支援であるが，すでに10年以上の実績と経験がある。NPO日本キャリア・コンサルタント協会の理事長や，東海大学のキャリア教育講師を務め，ベテランのキャリアコンサルタントとして活躍中である。

　69歳の現在も，意識して休みの予定を入れないと，週2日も休めないという忙しさとのこと。長年，1つの会社で勤務した後，セカンドキャリアに転じてからも，小倉氏のように活き活きと働き，実績を上げ続けられる状況は，多くのビジネスパーソンの理想のロールモデルの1つと考えられる。

少年時代から大学まで：そろばん塾をきっかけに成績アップ

　小倉氏は，1950年，石川県輪島市で生まれた。幼少時に，父親の仕事の関係で東京西部に転居した。自分と弟の2人兄弟で，父親はサラリーマン，母親も保険外交員として働いていた。父親はもの静かな人で，母親はしっかり者だった。

　小学校時代は，勉強は普通レベル。卓球・野球・将棋が好きな，元気な少年だった。いたずらも好きで，小3のとき，友人とふざけて線路に自分の足を置き，電車を止めてしまい，学校で問題になった。また，小4のとき，駐車していた外車を，仲間と傘で突っついて傷つけ，ひどく怒られた。いじめられていた子どもの味方をして，相手をなぐり，歯を折ってしまったこともある。いずれのときも，母親に厳しくしかられ，ときには優しくかばってもらった。その後もずっと，母親には頭が上がらない「自称マザコン」とのことである。

　小学校6年から，そろばんを習い始めた。クラスの友だちの1人が習っていて，暗算をできるのがカッコよかったためである。小倉氏は，そろばんの才能があったようで，最終的に1級まで取得し，大学生のときは，そろばん塾講師のアルバイトをするまでになった。そろばん塾がきっかけになり，勉強が楽しくなり，中学，高校と進むにつれて，数学をはじめとして，どんどん成績が上がっていった。

　高校は，都立高校に進み，剣道部に入部した。その頃，ビートルズやベンチャーズに出会い，仲間とバンドを組んで器楽同好会に所属し，文化祭などで演奏した。ギターは，今も続く趣味となっている。ちなみに，現在の個人オフィス名「インマイライフ」は，ビートルズの曲名からとっている。

　大学受験では，早稲田大学政治経済学部に合格したが，私学は授業料が高いので行かれないと思っていた。浪人して東大を目指そうかと思ったが，父親が「早稲田に行っていいよ」と言ってくれたので，行かせてもらうことにした。実はこの翌年は，大学紛争で東大入試が中止になり，浪人しても東大は受験できなかったこともあり，このときの父親の決断にはとても感謝している。

　大学では，映画研究会に入った。しかし，当時の早稲田大学は学園紛争が吹き荒れ，授業や試験はほとんどなく，レポート提出で単位が認定されることが

多かった。そのため，バンド活動，空手，麻雀，アルバイトにエネルギーを注いだ。

若手社会人時代：富士写真フイルムの営業として活躍

　大学4年になり，就職活動ではマスコミ志望で，新聞記者になりたかった。マスコミの試験は夏頃だったので，のんびりしていたところ，友人が金融などの大手企業の内定を取り始め，春になってあわてて就職活動を開始した。

　最初は，小松製作所に応募したが，面接にも進めず書類選考で落とされた。後で理由を聞いたところ，学生時代の活動で「映画研究会」と書いたのがまずかったらしい。当時，早稲田の映研は左翼学生のイメージが強く，小倉氏はノンポリであったが警戒されたらしい。

　次に，大手メーカーを何社か受けた中で，富士写真フイルムで最初に最終選考に進むことができ，内定をもらった。その後，新聞社の就職試験も受けようとしたが，最も行きたかった新聞社はその年は新卒採用がなく，富士写真フイルムへの入社を決めた。

　富士写真フイルムでは，最初の2年は，本社の営業支援スタッフとして営業に関連する社内外の仕組みを一通り学んだ。3年目からは，営業部門に異動し，法人向け営業を担当した。製品は，業務用ビデオテープ，メモリーテープ，放送用ビデオテープの3領域であった。顧客は，業務用ビデオテープではビクター，ソニー，松下，シャープなどのホームビデオメーカー，メモリーテープでは富士通や日本電信電話公社，放送用ビデオではフジテレビや地方テレビ局と，多岐にわたった。

　この仕事では，親しかった先輩の後任として，背伸びした仕事を任せてもらえた。お客様から先に大きな仕事を受注し，後で社内調整を行うような，今思うと多少無茶な仕事をこなす中で度胸がつき，成長することができた。この時期に，顧客とのコミュニケーション力や社内外への説得力などが身についた。

　7年間の法人営業の後，工場の生産管理・設備管理に異動になった。この仕事は，特に希望したわけではなかったので，意外だった。当時の富士写真フイ

ルムでは，ジョブローテーションとして，若手社員が営業と工場の両方を知る
ことを促進する面もあった。工場を経験したことは，後に工場で新事業を立ち
上げる際，子会社社長に就任した際などに役に立った。

新規事業開発から子会社社長へ：人事・教育的な仕事に関心をもつ

　40歳代前半は，滋賀工場の研究開発子会社で，新事業をゼロから立ち上げる
経験をすることができた。その後，40歳代後半には，本社の新規事業開発部門
で営業担当となった。この頃，富士写真フイルムは，「アナログからデジタル
への変革」が，経営上の大きな課題であった。銀塩写真がデジタル写真に置き
換わっていく中で，新しい製品・ビジネスモデルを開発していくことが急務で
あった。

　新規事業開発部門ではIT関係に携わり，世界初のデジカメプリントの商品
化，プリント・オンラインシステムの企画・具現化などに貢献した。仕事は充
実していたが，50歳を超えた頃体調が悪くなり，ほぼ１年休職せざるを得なく
なった。病院に入院していたとき，「自分が本当にやりたいことは何か」につ
いて自問自答し，自己理解が進んだ。その当時，小倉氏がやりたかったことは
人事・教育的な仕事，または宣伝系の仕事であった。

　病気が癒え社会復帰を果たした直後の54歳の頃，子会社の社長を命ぜられた。
これも意外な人事異動であったが，社長業に全力で取り組んだ。この時期，人
事・教育的な仕事として，「研修講師」にも興味をもった。自分が受けた研修
について，「良かったこと」「自分ならもっとこうする」といったことをメモし
ていった。また，知人から，「コーチング」のスキルを身につけるとよいとア
ドバイスを受け，約２年間，コーチングの社外研修を受講した。

キャリア支援の道へ：早期退職を決断し，キャリアコンサルタントへ

　57歳を迎えたとき，35年勤務した富士写真フイルムを早期退職し，コーチン
グやキャリアの仕事をしていくことを決断した。特に，仕事の目途があったわ
けではないが，「何とかなるさ」と楽観的に考え，会社を辞めた。若い頃から，

「サラリーマンを早くやめたい」「人生一度きり」と話していたので，妻も小倉氏の決断を応援してくれた。

　コーチング，産業カウンセラーに続いて，キャリアコンサルタントの資格を取得した。会社を辞めてから3年間は，あらゆる仕事の可能性にノーと言わず，貪欲に新しい仕事に領域を広げていった。

　人のつながりや出会いの大切さも感じた。例えば，キャリアコンサルタントの先生の紹介で，現在，理事長を務める日本キャリア・コンサルタント協会（JCCA）に入会した。JCCAでカウンセリングの実績を積むことができ，大学講師などの仕事へ広がった。また，カウンセラー仲間からの紹介などもあり，セミナー講師の実績も積むことができた。企業研修の仕事も順調だった。

　個人事務所「オフィス　インマイライフ」を立上げ，企業での営業・マーケティング・プランニングの経験と，ファシリテーション・コーチング・カウンセリングのスキルを組み合わせた独自のプログラムを展開している。2019年後半には，JCCAの理事長に就任するとともに，『七転び八起きのキャリアデザイン』（東海教育研究所）を出版した。仲間とのバンド活動も精力的に行うなど，多忙な日々を送っている。

30代，40代の方へのアドバイス：キャリア支援の経験から

　企業の中核世代向けのアドバイスとしては，「社外のネットワークをつくれ」と「信頼できる自分をつくれ」を挙げたい。会社を辞める必要はないが，将来のために，社外の人脈に視野を広げておくことは有益である。自分の場合は，部下がふえた40代から「人材育成」に興味をもち，アンテナを立てて，人のつながりをもつ努力をした。

　後者の「信頼できる自分をつくれ」とは，人は成功体験やスキル獲得を重ねることで，「何となく自信がありそうな雰囲気」になり，同時に，自らを信頼できるようになるという意味である。これもキャリアチェンジに備える上で大切なことだと考える。

　また，社会人の早い時期に，「カウンセリングスキル」の一部でも獲得して

おけばよかったと思っている。自分は説得力，プレゼン力，ディベートに強みがある一方，人の話を聴くスキルが弱かった。もっと「人の話を上手に聴く」ことができていれば，上司や周囲との人間関係構築が，よりスムーズにできたかもしれない。

45年にわたる社会人生活を振り返ると，改めて，クランボルツの「プランド・ハップンスタンス理論」（第3章にて詳述）に共感することが多い。子会社社長のとき，カウンセラーという仕事に出会ったこと，コーチングを勧める知人がいたこと，キャリアコンサルタントとして良い先生と出会いJCCAに入ったことは，いずれも偶然の出会いがキャリアチェンジに影響している。

最後に，キャリアチェンジにおいては，「ポジティブに考え」，「興味ある領域にアンテナを立て」，「まず動いてみる（待っていても何も出てこない）」を，再度強調してアドバイスのまとめとしたい。

編集ノート ✏

- 小倉氏がキャリアチェンジにおいて重要と指摘する「ポジティブに考え」，「興味ある領域にアンテナを立て」，「まず動いてみる（待っていても何も出てこない）」は，第3章の「4Ｍ理論」におけるメンタルファウンデーション（ポジティブに考える），モチベーション（興味ある領域にアンテナを立てる），ムーブメント＆マネジメント（まず動いてみる，考えて動く）に対応する。
- そろばん塾をきっかけに成績アップ。子どものとき，得意なものに出合い，自己肯定感をもつことは，その後の人生に大きな意味を与える。
- 小倉氏が30歳前後で，法人営業から工場の生産管理に異動になったのは，日本の大企業のジョブローテーション（人事異動）の典型例の1つである。本人が希望していない部門への異動は，新たな仕事で人材を育成するプラス面もあるが，場所の移動が伴う，モチベーションが下がる，専門性が磨けないなどのマイナス面も多い。女性の活用やグローバル化を進めるうえで，従来の人事異動制度を再考する企業も現れている。

第6章

日本企業に転職

第6章では，新卒で入社した企業から別の日本企業・組織に転じて，次のキャリアを展開している4名の方々をご紹介する。
事例5：細谷健司氏「大手予備校からIT企業への転身」
事例6：速見充男氏「内装設計のプロフェッショナルとして広告代理店で活躍」
事例7：橋本豊氏　「異なる業界の国内大手企業への転職」
事例8：大島武氏　「NTTから大学教員への転身」
日本の大手企業から別の日本企業・組織への転身は，一般的にはあまり多くないと思われているが，ここで紹介するのはそれを実行した方々である。

事例5　大手予備校からIT企業への転身—細谷健司氏

　細谷健司氏は，大手予備校で教務全般と新規事業立上げを経験した後，IT企業の管理部門に転職し，人事総務部長を経て，現在はキャリア支援の責任者を務めている。日本の大手企業から異業種の日本企業への転職は，まだそれほど一般的ではない。異業種に転職するためのトランスファラブル（移転可能な）スキルを，最初の会社でどのように獲得したか，どのような考えで異業種への転職にチャレンジしたか，などがキャリアチェンジを考え始める世代の参考になると思われる。

少年時代から大学まで：教師の父に影響を受ける

　細谷氏は，1961年，福島県いわき市で生まれた。父親は小学校教諭，母親は専業主婦という家庭で，兄と妹との3人兄妹の真ん中で育った。小学生，中学生の頃は，勉強もスポーツもできる優等生タイプだった。小さい頃から2歳上

の兄に対抗するうちに，何でも要領よくこなすことができるようになった気がする。

　高校は，地元の進学校に進んだ。優秀な友人が多く，楽しい高校生活を送った。部活動は１年ではラグビー部，２年からは演劇部に所属した。理系科目のほうが得意で，何となく東京六大学にあこがれたため，明治大学農学部に進んだ。大学受験の時点では，将来の仕事については，あまり考えていなかった。

　大学では幅広い授業をとり，取得単位数は多かった。親の影響か，教師に興味があり，中学高校の理科の教員免許を取得した。

　学生時代はアルバイトでかなり稼いでいた。ビルメンテナンス（清掃），土木設計事務所，飲食店などで働いた。特にビル清掃は夜間手当も入るので，良い収入になった。また，学生仲間がつくった会社で，他大学の学生と一緒にイベント企画を行った。アルバイトを通じて社会人との接点も多く，今で言うインターンシップのような経験をできたことは後の社会人生活に役立った。

　また，アルバイトで貯めた資金で欧州に１ヵ月，米国にも１ヵ月の旅行をして見聞を広めることができた。１ドル280円の時代に，欧州と米国に行った学生は珍しかったと思う。

大手予備校に入職：教務課と新規事業立上げを経験

　就職活動は，それほど活発には行わなかった。福島の教員試験も一応受験したが，本気で教師になろうとは思っていなかったため，ご縁がなかった。親しい友人の１人が大手予備校で楽しそうに働いていて，自分も教育に興味をもっていたので予備校も選択肢になった。タイミング良く別の大手予備校の新卒採用広告が新聞に掲載された際に，受けてみたところ採用された。

　大手予備校に入職後は，教務課に配属になった。先生の手配，カリキュラム編成，学生の手続きなど，予備校での管理業務全般を経験した。当時その予備校は全国30ヵ所にある学生数日本一の予備校で，仕事のやりがいもあった。

　13年を教務課で過ごし，マンネリ化を感じ始めた頃，新規事業を立ち上げるメンバーに指名された。予備校の新規事業として，学校に合わなかったり，い

じめられたりして通学しなくなった高校生を支援する「サポート校」事業をゼロから立ち上げた。この事業は，既存の高校からはじき出された子どもたちを支援し，大学受験まで面倒をみるという社会的な意味合いも大きく，大いに張り切って仕事に励んだ。

　少人数での事業立上げのため，営業的な活動，専門学校との提携，テレビコマーシャルを含む広報活動など，それまで経験したことのない多様な仕事を1人でこなさねばならず，多忙を極めた。今振り返ると，この時期にスキルの幅を広げることができた。

IT企業に転職：人事部長として人事制度を刷新

　大手予備校のサポート校事業は，約5年で数百名，売上数億円の規模にまで順調に拡大した。しかし，規模が拡大すると，問題を起こす生徒が出たり，競合の学校法人が現れたりするようになり，予備校トップ法人としてこの事業を継続するべきか否かという議論が起こった。結論として，事業担当者としては非常に残念であったが，事業継続しないという経営判断に至った。

　しばらくは元の教務課で仕事をしていたが，別の会社でチャレンジしたいという気持ちが起こってきた。ちょうどその頃，高校時代の友人が，あるIT企業の取締役として入社し，人事部門の立上げに際し，細谷氏に誘いをかけた。

　細谷氏は，これまで経験してきた教育業界とは全く違うIT企業への転職を決めた。その会社は創立から14年，従業員200名のITシステム構築の成長企業であった。

　細谷氏は，同社へ管理本部人事部長として入社した。部長ポジションで給与も前職より高く，勤務地も都内人気エリアのきれいなオフィスビルで，条件的には満足のいく転職であった。

　同社は，当時は人事部門が独立しておらず，従業員の増加とともに人事制度が組織に合わなくなっていた。細谷氏のミッションは，外部の人事コンサルティング会社と一緒に人事制度全体を刷新することであった。

　しかし，着任当初は苦労の連続だった。まずIT業界の専門用語や組織文化

がわからない。従業員の80％以上はシステムエンジニア（SE）であり，専門職としてのこだわりが強く，たとえリーダー職であっても部下の指導や育成に関心が低い人もいた。また，人事総務のメンバーたちも，最初は細谷氏を遠巻きにして様子を見ている感じであった。

　細谷氏は，持ち前の明朗な性格とチャレンジ精神で，メンバーや関係者にIT業界や社内について教えてもらう姿勢で接し，少しずつ自分のペースに巻き込んでいった。そして数年かけて，人事制度全体を現在の組織や従業員ニーズに合致するものに変えていくことに成功した。

今後のチャレンジ：人財育成に注力

　入社から12年が経ち，人事に関する制度づくりは，ほぼ完成に近づいた。今後の課題は，より高いレベルでの人財育成である。特にIT業界に共通する悩みとして，若手のシステムエンジニア（SE）は人手不足で「引く手あまた」のため，他社への転職が多い。苦労して新卒採用・育成したエンジニアの会社へのロイヤリティーを上げ，離職率を下げることが経営課題である。

　離職率を下げるため，これまでに細谷氏は，労務系制度の改善と社内コミュニケーションの強化に努めてきた。就労条件については，給与・残業・有給休暇取得などが業界水準より良くなるように努めてきた。社内コミュニケーションについては，管理職に部下との面談のトレーニングを行うとともに，定期的にキャリア面談の機会をもつ仕組みを導入した。

　今後は，社内の研修制度を充実させ，中長期的なキャリア開発を体系的に実施することで，エンジニアの定着率を上げていきたい。そのために，細谷氏自身も，約8ヵ月，夜間の専門コースに通学し，キャリアコンサルタントの国家資格を取得した。今後はこの資格を活かし，社員1人ひとりのキャリア開発の方向性を確認するため，定期的なキャリア面談を行うことを充実させていきたいと考えている。

30代，40代の方へのアドバイス：楽観的に考え，変化にチャレンジ

前述のように，社内にはシステムエンジニア（SE）が多い。SEの場合，一般的には40歳を過ぎると，最先端の技術レベルを維持することが非常にたいへんである。そこで技術的な専門家を目指すか，管理的な仕事にシフトするかを迷う人が多い。

そのためいつも，社内でキャリアに迷っている人に対し，「キャリアチェンジについて，もっと気楽に考えるといい」と話している。「今の日本では，職種転換や転職に失敗した程度では，生活をしていくために特に問題はない。何とかなるだろうと楽観的に考え，変化にチャレンジしていくことが必要だ」と説明している。

そのためには，日頃から自分に向き合い，将来のキャリアプランを考える習慣をもつことが大切である。また，生涯のマネープラン（正しいお金の使い方）についても，若いうちに学んでおくと良いと思う。若い世代には，将来が何となく不安なので結婚しないという人も多い。生涯に実際に必要なお金を考え，家庭生活や自分への投資などを試算してみることも，キャリアプランと合わせて重要だと考える。

> ### 編集ノート 🖋
>
> ・大学時代のアルバイトや海外旅行のエピソードから，細谷氏にはもともと高いレベルのバイタリティーがあることがうかがえる。また，性格が楽天的で明朗なことは，キャリアチェンジを成功させるための資質の1つかもしれない。
> ・新規事業立上げの経験が「トランスファラブルスキル」を増やし，異業種・異職種への転職を可能にした。細谷氏が最初の職場で獲得したトランスファラブルスキルは，新しい仕事に創意工夫する力，他者とのコミュニケーション力（説得力，巻き込み力），プロジェクトマネジメント力，などと推察される。

事例6　内装設計のプロフェッショナルとして広告代理店で活躍――速見充男氏

　速見充男氏は，建築学科を卒業後，内装設計（空間デザイン）の会社に入社した。建築学科の同級生の多くがゼネコンや住宅メーカーに就職する中で，速見氏は空間デザインに関心があったため，独自の路線を行くことにした。

　その後，フリーランスの時期を経て，ソニー系の広告代理店である株式会社フロンテッジに転職した。同社でも，内装設計，空間デザインのプロフェッショナルとして活躍している。フロンテッジ入社後の40歳のとき，難関資格である1級建築士にも合格した。

　また，昨年までフロンテッジ社の仕事の一部として，ソニー・エクスプローラサイエンス（体験型科学館）の館長の肩書きをもち，子どもたちに科学の楽しさを教える仕事にも従事していた。速見氏の事例は，自分の関心と専門性を活かせば，ハードルが高そうな日本の大手企業への転職においても，充実したキャリアチェンジが実現できることを示している。

少年時代から大学まで：モノづくりが好きで，建築学科へ

　速見氏は，1969年に栃木県で生まれた。両親は，和菓子（饅頭）の製造販売業を営んでいた。速見氏がモノづくりに興味をもった原点は，両親が工夫と苦労を重ねて和菓子をつくる姿を見ていたことにある。

　小学生時代は，プラモデルづくりや図工が好きだった。マジンガーZやガンダムの模型を組立てたり，ロボットの半分が透明で内部構造が見えるデザイン画を描いたりした。この頃から，デザインやモノづくりが好きだったのだと思う。

　中学，高校では，サッカー部に所属した。一方，マイケル・ジャクソンやシンディ・ローパーなどの洋楽も好きだった。その頃に出始めた，音楽と映像が融合したプロモーションビデオにとても興味をもった。

　大学進学にあたっては，子どもの頃から自動車も好きだったので，車のエン

ジニアを考えたが，化石燃料を使う車は将来性が乏しいと思った。そこで，大きなモノをつくる建築学科を目指すことにし，1年の浪人生活の後，私立大学の建築学科に合格した。

　大学では希望どおり，建築や設計に関する基礎から応用までを幅広く学んだ。就職では，周囲の同級生の多くはゼネコンや住宅メーカーを志望していた。しかし，速見氏は建築物というハード面以上に，「そこで営まれること（ヒトが何をするのか）」が大切だと感じていた。熟考の結果，速見氏は内装設計や空間デザインの会社を志望することにした。

内装設計会社に就職：内装デザインのプロとして，幅広い仕事を経験

　1992年，中堅の内装設計会社である，株式会社上田工舎に入社した。この業界の大手企業からも内定をもらったが，あえて「鶏口牛後」（大きな組織の末端にいるよりも，小さな組織の中心で大切にされるほうがよい）の精神で，全体が見渡せそうな社員200名の中堅企業を選んだ。

　上田工舎では，デザインセンターや文化施設部に所属し，店舗，展示会，博物館などの内装設計や施工管理を担当した。大きな予算がつくユニークな内装デザインを手がける機会も多かった。

　約10年，上田工舎でさまざまなプロジェクトに参加し，内装設計のプロフェッショナルとして自信がついてきた。自分の市場価値を知りたいと考えたこともあり，退社してフリーランスになる道を選び，内装設計や施工管理を各社から請け負う仕事をした。

　フリーランスとして働く中で，ソニーのショールームの内装設計の仕事に携わる機会があった。ソニーは創業以来，モノづくりにこだわり，青少年に科学の面白さを伝えることを大切に考える風土があり，共感することが多かった。ソニーグループの広告代理店である株式会社フロンテッジから誘いの声がかかったとき，フリーランスとして3年が経過し，自分には会社勤めが合っていることを認識し始めていたこともあり，38歳で再びサラリーマンになることを決めた。

フロンテッジに転職：広告代理店における内装デザインのプロとして活躍

　フロンテッジ入社後は，ソニーのショールームの運営業務として，展示企画，施設管理などを担当した。ソニーはエレクトロニクスに始まり，金融，保険，音楽，映画など多様な事業を展開しており，それらを総合的に伝えるショールームが求められていた。

　フロンテッジは広告代理店なので，「企業や消費者など，さまざまな人々とのコミュニケーションをいかに進めるか」が主な仕事である。速見氏は，もともと建造物の中で「何が営まれるか」に興味があるため，空間デザインをはじめとして，いろいろな領域に携われるフロンテッジ社に入り非常に充実している。

　44歳からは，お台場にある体験型科学館，ソニー・エクスプローラサイエンスの展示企画やプランニングも担当した。2019年までこの科学館の館長として，子どもたちに科学の楽しさを理解してもらうための仕事にも従事した。

　時間は前後するが，40歳のとき，念願の1級建築士に合格した。仕事をしながら，土日や夜間に予備校に通い，自宅や通勤途中で勉強するのは，正直なところ，とてもたいへんだった。約10年にわたる努力の結果，この難関資格を取得することができた。

　1級建築士資格は，保有していなくても仕事はできるが，資格をもったことで社内でのプレゼンスが上がった。企業が一定規模以上の建設物の設計をするには，1級建築士の管理者（管理建築士）が必要なためである。同社の管理建築士に任命されたことで，設計や施工管理の責任者としての意識も高まった。

30代，40代の方へのアドバイス：自分の得意技をもつ

　若い時期から，自分の得意技をもっておくと良い。必ずしも「資格」である必要はないが，自分の場合は，「広告代理店で多様な仕事の経験があり，内装デザインを得意とする1級建築士」として，他者との差別化に成功している。例えば，広告代理店で施設運営に携わることで，運営をしやすい設計ができるようになった。

　個人的な振り返りとしては，英語を話せるようになると，もっと良かった。英語が使えれば，世界中の人たちとスムーズにコミュニケーションが進められる。

　1つの業界，1つの会社で，少なくとも5年は継続するほうが良いと思う。会社を辞めたい人から相談を受けた場合，「その会社でできることをやり切ったかどうか」を聞く。もしやり切れていなかったら，まず今の仕事をとことんやってみて，それから次のキャリアを考えるべきであろう。

編集ノート

・速見氏の場合，子どもの頃から「モノづくり，デザイン」や「プロモーションビデオなどのソフト」といった好きなことがハッキリしていて，その延長に「キャリアの軸」がある。そのため，大きなハードをつくるだけの建築士ではなく，「広告代理店で多様な仕事の経験があり，内装デザインを得意とする1級建築士」というセルフブランディングに成功していると見受けられる。

事例7　異なる業界の国内大手企業への転職—橋本豊氏

　橋本豊氏（仮名）は，日本の大手企業に勤務の後，30代前半で異なる業界の大手企業に転職した方である。日本の大手企業は，まだまだ新卒採用が中心であり，中途採用は少数派である。また，中途採用された方が，橋本氏のように海外駐在に抜擢されて，活躍する例は珍しい。そのため，キャリアチェンジを考える方にとって，参考になる点が多々あると思われる。

少年時代から大学まで：親孝行のため，関西で就職

　橋本氏は，1970年代前半，関西地方で生まれた。両親は共働きで，少し年が離れた兄との4人家族だった。社交的な少年で，高校，大学では柔道部に所属した。

　大学受験では，本命の大学にはご縁がなかったが，関西の国公立大学の工学部に進んだ。新規材料系の学科で，物性分析や化学関連の勉強をした。

　就職活動においては，関西に住めて，親を安心させられる大手企業を中心に考えた。その結果，大手通信系企業に就職を決めた。

若手社会人時代：子会社への出向を希望

　大手通信系企業に就職し，最初の数ヵ月，新入社員全員が営業研修を行った。自分は技術系であったが，同期の中で，最速で営業ノルマを達成できた。顧客に対面営業することが好きだったことや，週末に独自の方法で顧客リストを分析して翌週の訪問計画を立て営業活動を行ったことが結果につながった。この経験は社会人としての自信になり，将来は営業やマーケティングもできそうだと感じるきっかけになった。

　実際の配属は，ITシステムのエンジニアであった。関西の中堅企業の顧客向けにシステムの基本設計を行い，ITネットワークの構築を支援した。この時期は，本社の中心的なプロジェクトに抜擢され，非常にやりがいのある面白い仕事を任せてもらえた。

　一方，この頃，ITバブルが起こり，マイクロソフト，オラクル，サンマイクロなどに代表される外資系IT企業やベンチャー企業に転職していく同僚も少なくなかった。また，会社では大きな組織変革があり，昇進・昇格・役職定年などの「先が見える」感じの閉塞感が漂い始めていた。

　そこで橋本氏は，あえてこの企業グループの子会社で新規事業（インターネットの検索エンジンを活用したビジネス）にチャレンジすることを希望した。この子会社は東京にあり，初めて関西を離れ，関東に住むことになった。この子会社では，インターネットに関する新しい技術領域がたくさんあった。初めはそれが理解できず悔しい思いをしたため，夢中で勉強した。

　またこの頃，会社にはカフェテリア形式の研修制度（自分がやりたい研修を選べる制度）があり，これを利用して，グロービスマネジメントスクールで経営戦略やマーケティングを学んだ。このコースには，他社の若手のエース人材

が参加しており，大いに刺激を受けた。特にマーケティングに興味をもち，将来的には新規事業に携わりたいと考えるようになった。

国内大手企業に転職：期待の新規事業のマーケティング担当へ

　東京に移って何年か過ぎ，仕事には自信がもてるようになってきた。一方，Webシステムのエンジニアとしての現状と，新規事業・マーケティングの仕事をしたいという理想の乖離が日に日に大きくなってきた。

　その頃，現在勤務する日本の大手製造メーカーが中途採用することを聞き，会社説明会に参加した。それまでとは業界が全く異なることもあり，説明会ではあまり乗り気ではなかった。しかし，橋本氏のバックグラウンドに興味をもった先方企業が，同社の新規事業の部長との面接をアレンジしてくれた。

　その結果，この部長の自分への期待が，自分のやりたい方向性（技術理解力をベースとしたマーケティング）と合致しており，転職を決意した。30歳を超える頃であった。ちなみに，このときには，すでに結婚していたが，妻は転職に特に反対しなかった。自分を信頼してくれていたからだと思う。

　大手製造メーカーでは，希望どおり新規事業のマーケティングを担当した。この会社のそれまでの強みを生かし，ITシステムに連動させた新商品・新サービスを開発する仕事であった。同社内にはITシステムを理解できるマーケティング担当が少なかったため，橋本氏の経験とスキルは重宝された。会社からの期待も大きい部門で，非常にやりがいのあるプロジェクトに配置された。

　このプロジェクトでは，米国子会社のIT技術者を訪問し，新製品開発の打合せをする機会も増え，英語の必要性を痛感した。TOEICは，まだ600点弱のレベルだったので，自費で英会話学校に通い，TOEICを何度も受検した。また，実務でもなるべく英語を使える相手とは英語でやりとりするなど，数年間，さまざまな方法で英語を習得する努力を重ねた。

　また，グロービスマネジメントスクールも継続し，最終的には経営学修士（MBA）を取得することができた。

欧州駐在：現地スタッフとの考え方の違いに驚く

　数年間，この新規事業立上げに奔走した。その後，何度かの社内異動を経験し，売上の90％が海外向けという事業部に配属された。会社は，MBAを取得し，英語力も向上した橋本氏の努力を認めてくれて，希望どおり欧州に駐在することになった。

　欧州では，この新規事業の欧州・中東の事業責任者として，10名以上のスタッフを率いて奮闘した。特に1年目は，英語で仕事をするハードルのみでなく，現地スタッフの考え方の違いに驚いた。例えば，欧州では日本のような「何となく察してもらう」ことはできないため，何でもきちんと説明して納得してもらう必要があった。また，残業するのは日本人だけで，現地スタッフは4時になると，忙しくても帰ってしまうといった文化の違いにもとまどった。

　それでも，2年目には，自分のやり方でいろいろなことにチャレンジすることができ，3年目以降は，慣れてきて楽しく仕事ができるようになった。

　現在は帰国して，この事業分野の技術マーケティング担当として，次の展開を考えている。

30代，40代の方へのアドバイス：社内で希望を伝え，社外の人と話す

　最初の会社だと，自分が希望しても「マーケティング」や「海外駐在」は難しかったと思う。したがって，自分の場合は，最初の会社に感謝しつつも，今の会社に転職して本当に良かったと思っている。会社によっては中途採用者は冷遇されることもあると聞くが，今の会社が中途採用者に偏見や差別が少ないことも良い点だと思う。

　現在，同世代でキャリアチェンジに悩んでいる人には，3つのことを伝えたい。

　1つは，辞めたいと思ったらその前に，社内で行きたい部署にいく希望を強く伝えると良い。自分の場合には，最初の会社で東京の子会社に出向したことは，現在につながるステップとしてとてもありがたかった。

　2つ目は，グロービスのMBAのような勉強を通じて，社外の多様な人と話

すことである。1人で悩んでいるより，他社の同世代の人と関わることで，自社の良い面も再認識できるし，他社の良い面・悪い面（単に隣の芝が青く見えるだけではなく）も理解できる。

　3つ目は，英語の重要性である。もちろん，仕事の内容にもよるが，今の時代は，どの会社に移るにせよ，英語ができないと不利になる。若いうちに，英語をある程度のレベルにしておかないと後悔すると思う。

編集ノート 🖊

・日本の大手企業から大手企業への転職は，新規事業部門などで，前職での経験が活きるような場合には大いにあり得る。外資系企業やベンチャー企業への転職，あるいは起業に比べれば，低いリスクでキャリアチェンジができる点も魅力的である。

・橋本氏の場合，新卒から2，3年後に，大きな組織変革が起こったのが，最初の転機となった。若い時期に，自分ではコントロールできない，全社的な大きな変化を経験したことで，「自分のキャリアを自律的に考えていく」という意識づけができたように見受けられる。

・欧州での営業マーケティング実務，スタッフ管理，英語でのコミュニケーションなどの経験は，橋本氏の市場価値を大きく高めたと考えられる。一般論で言えば，橋本氏のように海外駐在，新規事業立上げ経験，技術理解力，英語コミュニケーション力をもった人材は，国内の中堅企業や外資系企業から「引く手あまた」であろう。

事例8　NTTから大学教員への転身—大島武氏

　大島武氏は，日本電信電話株式会社（NTT）から大学教員に転職し，現在は東京工芸大学芸術学部教授・学部長である。経営学者としてビジネス実務論とパフォーマンス研究を専攻しており，近年は特にプレゼンテーション技法や情報社会の倫理を主な研究領域にしている。

　相手にわかりやすく伝える技術・スキルにも定評があり，『プレゼンテー

ション・マインド「相手の聞きたいこと」を話せ！』（マキノ出版，2006年），『プレゼン力が授業を変える！』（メヂカルフレンド社，2010年）などの著作がある。講演会にも引っ張りだこで，年間数十件の学外セミナーをこなす人気教授である。

　ビジネスパーソンが，セカンドキャリアとして大学の非常勤講師などに転じるケースは多いが，30代という比較的若い時期に大学教員に転じる例は多くない。キャリアチェンジを考える30代，40代の方にとって，アカデミアへの転職もオプションの1つとして参考になると思われる。

少年時代から大学まで：安定志向で就職決定

　大島氏は，1963年に横浜市で生まれ，藤沢市で育った。両親は自由業で，映画監督の父親（大島渚氏）と女優の母親（小山明子氏）である。両親は多忙だったため，6歳下の弟とともに，主に同居していた父方の祖母に育てられた。

　いわゆる有名人の家庭であったが，厳しい祖母にしつけられ，派手な生活ではなかった。小学校から中学校までは先生にかわいがられる優等生タイプで，小学校では児童会長を務めた。スポーツが好きで，中学ではバスケットボール部に所属し，幼少時から始めた水泳は現在でも続けている。

　高校は地元の進学校，神奈川県立湘南高校に進んだ。自由な校風で，大いに高校生活を楽しんだ。英語が好きで文系科目のほうが得意だったので，大学は一橋大学社会学部に進学した。大学時代には，1年間休学して，米国ミシガン州立大学に留学する機会を得た。

　就職を考える際には，「安定志向」でインフラ系企業や大手メーカーを志望した。両親の仕事の関係で，子どもの頃から映画やテレビ関係の人たちと会う機会もあったが，自分とは違うタイプの人が多いと感じ，芸能界やマスコミは全く考えなかった。

　実はこの頃，父（大島渚氏）がいろいろなテレビ番組に出演しており，「討論番組は良いとしても，バラエティー番組まで出なくてもいいんじゃないの？」と何気なく聞いたところ，父が「もし出演を断って，次から仕事が来なくなっ

たらどうするんだ」と答えたのでとても驚いた。父ほどの有名人でも，仕事が
途切れることを怖がっているとは，自由業は厳しい，自分は勤め人になろうと
決意した。

　両親も「安定した大企業」を期待したため，通信会社，ガス会社，大手メー
カーなどを考え，その中で早期に内定をもらえたNTTに就職を決めた。

NTTに入社：人事部と英国留学を経験

　1988年春，NTTに入社した。埼玉県の電話局での1年間の現場実習の後，
関東支社総務部に配属になった。営業職ではなくスタッフ職を志望していたの
で，希望どおりの配属だった。総務部（のちに人材開発部）では，主に採用と
新人研修を担当した。NTTは毎年約3,000人を採用しており，大勢の社内リク
ルーターの協力が必要だった。大島氏は，関東地区のリクルーターを統括する
仕事を担当した。

　人事関係の仕事はやりがいがあり，充実していた。数年間の仕事では，上司
や同僚にも恵まれ，高い評価を得た。NTTでは当時，毎年約20名を海外留学
させる制度があり，ぜひ行きたいと思ったため，英語の勉強も継続した。

　努力の甲斐あって海外留学制度の社内選考に合格し，1993年秋，英国ロンド
ン大学インペリアル校経営学大学院に留学できた。このコースは，120名の学
生の70%が約40ヵ国からの留学生で，学生のレベルも高かった。

　試験やレポートの成績が悪いと卒業できないというプレッシャーを感じなが
らも，1年後，無事に経営学修士（MBA）を取得することができた。社会人
としての留学では，一生懸命に勉強することが楽しいと再認識した。また，大
学教員にはアカデミアと実業を行ったり来たりするような魅力的な人が多く，
刺激を受けた。この留学経験が，後に大学教員への転身を考えるきっかけにも
なった。

大学教員へ転身：先生業は子ども時代からのあこがれ

　英国留学からNTTに戻り，パケット通信の事業部門に配属になった。当時，

会社として力を入れていた部門で，良い仕事ではあったが，技術的な理解力が必要だったため，自分の得意な領域ではなかった。また，係長職に昇格し，部下6～9名を任されることになった。

　大島氏は，初めて部下をもったことで，大きなストレスを感じた。自分は「部下を使うことが極端に苦手」だと思うようになった。つまり，部下たちのさまざまな利害や考え方を調整し，ときには嫌われ役になってでも責任者として仕切るようなことが，性格的にとても辛かった。しばらくして，精神的に追い詰められ，出社もしたくないような状況に陥ってしまった。

　次の仕事をどうしようと考える中で，大学生の頃，教員になりたいと考えたことを思い出した。小学校時代の先生方がとても魅力的だったので，子どもを教える仕事に就きたいと思っていた。実は大学生のときは，先生になることに父親があまり賛成しなかったので，立ち消えになっていた。

　悩んだ末，7年間勤務したNTTを退社し，学習塾に正社員として転職した。その後ほどなくして，東京工芸大学の講師に応募したところ，運良く採用され，留学時代にあこがれた大学教員になることができた。

人気教授への道：ビジネス経験を大学での研究や講義に活用

　1996年，東京工芸大学女子短期大学部の講師として，ビジネス実務を教えるようになった。すぐにわかったのは，短期大学部はいずれ4年制大学に移行する予定があり，その際，文部科学省が教員のレベルを審査することであった。それまでに大学教員としての実績が足りないと，文科省から4年制大学教員として認めてもらえないかもしれない。

　それから数年間は不退転の決意で勉強し，大学教員として業績を上げる努力を重ねた。具体的には，学会での論文発表や口頭発表，研究テーマに公的な助成金を獲得することなどである。

　また，魅力的な大学講義を行うことにも工夫をこらした。大島氏の専門はビジネス実務論であり，プレゼンテーションやビジネス上のコミュニケーションスキルを高めることは，この領域における重要課題の1つである。そこで，大

学の授業にビジネス上のプレゼンテーションのノウハウを導入していった。

　例えば，ビジネスのプレゼンでは，最初に相手にわかりやすく全体のアウトラインを示す。これを授業に取り入れ，講義は基本的に1話完結とし，冒頭にその日の講義の概要と目的を話すことにした。「今回は○○というテーマについて，まず40分講義します。次に20分ビデオを上映し，最後の30分で内容についてレポートを書いてもらいます」という感じである。他にも，資料の活用法や学生同士のグループ討議など，試行錯誤しながらビジネス方式を取り入れ，わかりやすい授業を目指した。

　その結果，2003年，全国大学実務教育協会主催の「ベスト・エデュケーター・オブ・ザ・イヤー最優秀賞」を受賞した。大学教員の教え方コンテストのようなもので，ここで評価されたことは，その後のキャリアに大きくプラスになった。

　2006年には，最初の単著『プレゼンテーション・マインド「相手の聞きたいことを話せ！」』（前出）を出版することができた。東京工芸大学が4年制に移行した頃，准教授に昇格し，2012年には教授に就任した。最近では，インターネット社会における情報倫理（SNSでの炎上の事例研究など）に研究テーマを広げ，研究・講演活動を展開している。

30代，40代の方へのアドバイス：パフォーマンス（自己表現）力を上げる

　最初に，自分の専門のプレゼンテーション技法についてのアドバイスである。ビジネスシーン全般において，上手なプレゼンテーションを行うスキルは重要であるが，強調したいのは，その基本的な心構えである。プレゼンテーションとは，「聞き手に情報というプレゼントをあげること」であり，「聞き手の利益になる情報を与えるために」行われるべきである。そのためには，聞き手のニーズ（聞きたいこと）を事前によく分析して準備することが肝要である。

　また，プレゼンテーションは，人生のあらゆる場面に効果的な「パフォーマンス」力を磨くための格好の演習の場となる。パフォーマンスという言葉は，演技という意味ではなく，「自己表現」に近い。自らの能力や個性，考え方な

どの「自分らしさ」を社会に向かって表現していくためにも、パフォーマンス力の向上は大切である。

次に、アウトプットの重要性について。本を読んだり研修を受けたりすることは大切だが、インプットだけでなく、自分で実際に試してみる、実行に移してみる（アウトプット）ことこそが大切である。小さなことで構わない。例えば、自分は20年以上前から、毎日の出来事を大判の手帳につけている。これは日記のようなもので、自分がそのとき考えたことを記録している。日々の考察を「言語化」してアウトプットすることで、気づきになり、必要に応じて振り返るツールとして有用である。

最後に、キャリアについては、「やりたいこと・好きなこと」より、「得意なこと、できること」をやるべきだと考える。ピーター・ドラッカーは、「人間は自分の得意な仕事をやりたがるものである。その意味で、能力は勤労意欲の基礎である」と述べた。つまり、やりたいことが見つからないというのは、得意なことがない、すなわち「能力が足りない」ということである。30代くらいまでは、1つずつ、できること（能力）を増やしていく心がけが重要だと思う。

編集ノート 🖊

- ・ビジネスでの実務経験を活用することで、大学教員として独自の視点で研究テーマを深掘りすることに成功された。
- ・キャリアについては、「やりたいこと」より「できること」をやるべきで、そのためには、できること（能力）を増やしていこうという考えは、弊社スキルアカデミーの基本的考えと同様である。
- ・また、大島氏は著書で「若いうちに、いろいろなことに挑戦し、失敗することで万能感（その気になれば何でもできるという感覚）を崩壊させよう。不可能なことがあるということを発見しよう」と述べている。苦手なことは「捨てる勇気をもつ」ことが、キャリア開発には、ときとして重要となるであろう。

第7章

外資系企業に転職

> 第7章では，新卒で入社した企業から外資系企業に転じて，次のキャリアを展開している4名の方々をご紹介する。
> 事例9：菊地克幸氏「外資系企業からキャリア支援へ」
> 事例10：熊沢隆氏　「外資系企業に転職し，人事担当役員に昇格」
> 事例11：杉林陽子氏「一般職OLから外資系企業でキャリア形成」
> 事例12：山岸慎司氏「外資系企業4社でマネジメントに従事」
> 日本の大手企業から外資系企業への転身は，リスク面ばかりが強調され，躊躇する人が多いようだが，この方々はリスクとリターンのバランスをうまくとっている。

事例9　外資系企業からキャリア支援へ―菊地克幸氏

　菊地克幸氏は，本書の共同執筆者の1人である。キャリア支援の領域で20年の経験があり，日本に数百名しかいない1級キャリアコンサルティング技能士（国家資格）である。それ以前は，マスコミ，業界団体，複数の外資系企業でキャリアを積み重ねた。菊地氏がどのような転機でキャリアチェンジを実践し，最終的になぜキャリア支援のプロフェッショナルを目指したのかは，多くの方に示唆があると思われる。

少年時代から大学まで：新聞記者・放送記者を目指して

　菊地氏は，1948年，北海道旭川市で生まれ，3歳で静岡県清水市（当時）へ転居した。清水市は，海と山がある自然が豊かな地域で，のびのびと育った。小学6年生になるとき，再び父親の仕事の都合で埼玉県草加市へ転居した。野球や遊びを通じて，友人が多い人気者であった。

　中学では，初めは野球部に入ったが，1年生は外野で大きな声を出していろ，と言われ，ばかばかしいと思い1日でやめた。その後バスケットボール部に入部し，放課後はバスケに打ち込んだ。将来は，弁護士か新聞記者にと，何となく思い始めた。

　高校では親友ができ，彼とよく上野にクラシック音楽を聴きに行った。読書も好きで，ドイツ文学，ロシア文学，日本文学を読みあさった。また，卒業時には，2人で大阪まで，当時はまだ珍しい自転車旅行をした。小学生以降，父親は仕事で忙しく，夕食をともにする機会はほとんどなかった。そのため，父親からの自立心，自分のことは自分で決めるという気持ちが強くなっていた。

　大学入学後，弁護士や新聞記者に興味があったので，新聞部を探した。しかし，大学内での場所がわからず，クラスメイトがアナウンサーになるため放送研究会に入るというので，新聞も放送も同じようなものかと思い，放送研究会アナウンス部に入部した。部活では，神宮球場の六大学野球中継，代々木の喫茶店での予備校生相手のDJ番組の司会，大学紛争の報道番組制作，テレビ局でのADアルバイトなど，さまざまな経験をすることができた。

　大学は，折しも大学紛争で休講も多かったこともあり，学業より部活中心であった。放送研究会では，とても良い仲間に恵まれた。アナウンサーの先輩も多く，就職は放送局へ入り，放送記者として政治・社会問題を扱いたいと考えるようになった。

若手社会人時代：業界団体で社会人の基礎を学ぶ

　就職活動ではアナウンサー試験を受けたが，与えられた原稿を読むなど自分の思いと何か違うと感じ方向転換，新聞社系の映画館向けニュース，地方局のCM制作などをするニュース映画社に入社した。仕事自体には興味があったが，「深夜に及ぶ仕事」などは頭ではわかっていたが実際に体験することで，この生活スタイルを長期間続けることは性に合わないと感じ1年で退社した。

　23歳で，社団法人日本割賦協会に転職した。ニュース映画社の営業の先輩から，挨拶に行きたいところがあるので同行してくれと言われ，割賦販売系の社

団法人を訪問した。まだ設立して間もない団体で、「"割賦"（お金がないから分割で買う）は、これからの時代は"クレジット"（信用が第一）に変わる」、その整備をしていくと事務局長から入社を誘われた。新しいことは面白そうと思い入社を即決した。

　割賦からクレジットへの転換期にあたり、法律整備（通産省）のサポート、各業界への法律の周知徹底、消費者団体への説明、信用情報交換所（現CIC）の設立などに関わった。自動車、家電、百貨店、通販、訪販など各業界との会合があり、多くの業界を知ったことが30年後の再就職支援会社で役立つことになった。

　すべてが新しい事業なので、「この事業は何を目的としているのか」「そのための自分の仕事内容・意味・役割は何か」を常に考えて取り組んだ。また、アナウンスの経験が、会議や説明会の進行役をするうえで役に立った。日本語の先生で小説家でもある大先輩がいて、役所向け・業界向け・消費者団体向けの伝え方など、文章の書き方を学んだ。これも後に、再就職支援会社で、行政向け企画書作成などに役立った。

外資系企業への転身：実力より上の仕事を任される

　社団法人で約7年が経過した30歳のとき、東芝のクレジット会社と米国のGEのクレジット会社が日本に新設するファイナンス会社に転職した。割賦（クレジット）の業界団体にいて、クレジットの現場を知らなければ良い仕事ができないと思い、一度現場に出たいと考え始めていた。ちょうど東芝のクレジット部門の部長が「クレジットの新会社を設立するので一緒にやらないか」と、声をかけてくれた。入社を検討する過程で、合弁相手の米国GE社の方が年功序列ではない良い条件を出せるとのことで、新会社の社長となるGEの人と面接、入社となった。入社後、出向社員として新会社に入った。

　当時の上司である新会社の日本社長は、台湾生まれ日本育ちの中国系アメリカ人で、日本の組織とは大きく違う「目から鱗」の経験が数多くできた。まだ30歳であったが、いきなり業務本部長となり、実力の150％以上を要求された。

　1年後には取締役に就任した。この外資系企業では，常に実力より少し上を見据えた働き方をする必要があることを学んだ。これは，現在も変わらない仕事への姿勢である。

　また，外資系企業における働き方も，自分にとって新鮮であった。例えば，仕事は就業時間内に行う，役職上位の者ほど仕事をする，新しいポストに就きたければ後任の部下を育てるなど，今でも自分の働き方の基となっている仕事に取り組む基本的な姿勢を身につけることができた。

　すべてが未知の分野であったため，夢中で仕事に取り組んだ。「エンプロイアビリティー（雇用される力）」を意識したのも，この頃であった。「1年ごとが勝負」と心に決めて，がんばった。

　ある研修で，「どんな意識をもつかによって，行動が変わり，それが人生を変える」という言葉に出会った。すなわち，本書の第2章で紹介した「意識が変われば行動が変わる⇒行動が変われば習慣が変わる⇒習慣が変われば人格が変わる⇒人格が変われば運命が変わる⇒運命が変われば人生が変わる」である。現在でも，この言葉を座右の銘として，毎年新しい手帳に書き留めている。

　また，「日々新たなり」を自分のモットーにした。これは，「毎日新しい気持ちで臨まなければ，自分は成長しない。自分が成長しなければ，仕事はうまくいかない」という意味である。例えば，毎日ネクタイを変えるという些細なことでも，意識的に自分を変えることを心がけている。

別の外資系企業2社への転身：精神的にタフなマネジメントを経験

　ファイナンス会社で6年目を迎えた頃，GEが合弁会社から引き上げることになった。東芝100％となる会社に残ることもできたが，大きな組織は好きではないと思っているときに，ファイナンス時代の初代社長から日本で会社再建する仕事に携わることになったので手伝ってほしいと頼まれ，3回目の転職を決意した。日本にある米国の大手銀行の関連会社のクレジット部門を一部縮小したのち，日本の大手商社との合弁会社にする仕事で，再建をする会社に取締役として入社した。

　事業縮小にともなうリストラ（人員整理），新規事業の立上げに邁進した。リストラを実施する仕事は精神的にかなりタフなものであったが，後にキャリア支援の仕事をするうえでは貴重な経験になった。合弁会社に移行後2年が経過した頃，外資が引き上げることになり，自分の役割は終わったと思った。

　ちょうどその頃，前職のファイナンス社時代の社長から，次は米国の大手自動車メーカーが日本に独自の自社用のクレジット会社を設立するから手伝えないかと，たまたま前職退社日の夜，米国から電話があった。非常にタイミングが良く，これもご縁と思い，4回目の転職を決意した。新会社の立上げには設立手続きから関わり，約6年間，支店開設，クレジット審査，業務統括などの仕事に中心的なマネージメントメンバーの立場で携わった。

　非常に充実した日々であったが，50歳を迎える年に，信頼していた米国人社長ががんで急逝してしまった。自分が後継者に名乗りを上げることも考えられたが，社長業には，興味がわかなかった。米国企業の文化でもあるが，後任の社長は「前社長の部下はいらない」という姿勢が明らかで，追い出すようなイジメもあった。120名近い社員のほとんどの採用に関わったので，責任感と愛着もあり1年近く頑張ったが，これ以上会社にいると自分が壊れると判断し，退職した。

キャリア支援の道：生涯現役を目指して

　次の進路を模索しているとき，日本の企業から地方でクレジットカード会社の設立を手伝わないかという誘いもあったが，クレジット関係の仕事はもういいか，との思いが強く，断った。そのとき，8年前のクレジット会社再建の仕事を通じて知り合っていた再就職支援会社の社長に再会し，少し手伝わないかと誘われた。外資系企業，転職の経験，以前の仕事ぶりに興味をもっていただいた感じだった。

　最初は，キャリア支援の仕事にそれほど興味があったわけではなかった。しかし，再就職支援でのクライエント（相談者）との個別面談で，数名から「あなたに会えて良かった」と言われ，初めての経験で新鮮な気持ちになり，新分

野で新たなチャレンジをしようと思った。大きな決断であった。

　50歳で再就職支援の仕事を始め，やりがいは大いに感じられたが，正直なところ，収入は前職より大幅に下がった。すべてをリセットする必要があることを痛感し，2台あった車を手放すなど，生活スタイルを大きく変更し，家計収支の見直しを行った。

　54歳の頃には「専門家として，この道でやり遂げよう」と決めた。人の人生に関わるこの仕事は奥深く，やればやるほど広がる世界。経験だけでは限界があると思い，自己投資を始め，産業カウンセラー，心理相談員，キャリアコンサルタントなどの資格を取得した。この頃に意識したのは，中国のことわざ「木を植えるのに一番良いときは20年前，次は"今"」。これは，「過去にやっておけば，もっと力がついていた，と思っても過ぎた日は戻らない。思いついた"今"始めることが大事」という意味である。かつて，外資系企業でリストラを行ったときに，心理学や面談技法を学んでいればよかったなど思うことはいろいろあったが，前進を続けた。

　60歳までに，取締役コンサルティング事業部長などを歴任した。この頃から「生涯現役への道」を意識して，会社以外の活動を開始した。例えば，セミナー講師，関係機関などでのキャリアコンサルタントの育成など，社外から依頼された案件にも，できるだけ応えるようにしていった。

　62歳頃からは会社組織を卒業し，「独立への道」を意識した。少しずつ会社での勤務日数を減らし，社外での活動領域を拡大した。66歳春，完全に独立。オフィス・キャリアステージを設立し，代表に就任した。現在は，中高年の就労・キャリア形成支援，学生の進路指導，公立の職業訓練校での非常勤講師，企業や公的機関でのセミナー講師，キャリアコンサルタント育成など，多彩な活動に忙しい日々である。

　今後も，生涯現役を実現するため，「向上心」と「日々新たなり」を意識していきたい。特に，キャリアコンサルタントの指導者として，キャリア支援の現場力の向上に貢献していきたいと考えている。

30代，40代の方へのアドバイス：人生に無駄はない

自分のコンピテンシー（強み）を「達成志向の強さ」だと分析している。自分自身，小さな達成を繰り返してきたことが大きなキャリアにつながったことを実感している。キャリアチェンジを考える世代の方にも，「小さな達成を積み重ねる」ことが大切だとアドバイスしたい。

また，「キャリアは意識してつくるもの」である。これは，長い時間を経過しただけ（単なる職務経験）では，十分なキャリアにつながらない場合がある事例を多く目にしてきたためである。キャリアをつくるためには，ときにはお金と時間の自己投資も必要である。

最後に，「人生に無駄はない」と感じている。どんな経験でも，役に立つものが隠れている。本書の第2章にあるように，40歳代で「人生の正午」を迎え，日影が日向に変わり，個性化が始まる。多くの方の充実したキャリアの実現を，今後とも支援していきたい。

編集ノート 🖊

- 最初の企業で1年，日本の組織で7年，外資系企業で6年＋6年＋6年というキャリアは，団塊の世代の方としてはとても先進的である。転職は，それまでの仕事を通じた知人に紹介されたケースが多いようだ。これは，菊地氏が日々の仕事に一生懸命に取り組み，そこで認められていたからこそ，であろう。
- 外資系企業，特にGEでのOJTにより，大きく成長されたと見受けられる。GE社は，「ストレッチゴール（高い目標設定）」，「成長志向が無い者は去れ」などのマネジメントポリシーで知られる。菊地氏もここで，「エンプロイアビリティー（雇用される力）を意識した」と話しているように，プロのビジネスパーソンとしてキャリアを積む土台がつくられたのだと思う。
- 当初は，全く興味がなかったキャリア支援の仕事が，結局，20年という最も長いキャリアになっている。55歳で「この道でやり遂げよう」と決め，そこから専門家としてさまざまな資格を取得し，生涯現役を目指して社外ネットワークを広げていったプロセスは，多くの方に示唆があろう。

事例10　外資系企業に転職し，人事担当役員に昇格─熊沢隆氏

　熊沢隆氏（仮名）は，新卒で入社した大手素材メーカー（C社）で工場人事，海外駐在を経験後，大手外資系IT企業（T社）に転職した。T社では一貫して人事畑を歩み，現在は取締役人事・総務本部長の重責を担っている。

　企業合併や組織変更が多い外資系企業で20年以上も勤務し，そこで昇格を重ねて，役員まで上り詰める人は一般的にはあまり多くないように思われている。これは日本企業に勤務する人が，外資系企業への転職に躊躇する理由の1つであろう。

　熊沢氏のお話をうかがう限り，T社の場合，社内での昇格の考え方は日本企業とあまり変わらないようだ。現在，日本企業に勤務し，外資系企業への転職を考える方へいろいろな示唆があると思われる。

少年時代から大学まで：大学スキー部と体育会本部で活躍

　熊沢氏は，1960年代前半に東京で生まれた。父が青少年育成の団体に勤務していたこともあり，小学生の頃，自宅にアメリカ人留学生がホームステイに来ていた。両親は英語教育に熱心で，小学生から英語教室に通っていた。しかし，英語はその後，あまり好きになれず，社会人になったときのTOEICは400点足らずで，決して得意ではなかった。

　父の仕事の関係で，家には青少年育成の本がたくさんあった。母は，自分の父親（熊沢氏の祖父）が大手証券会社役員まで上り詰めた熱血サラリーマンだったが，たびたび家に部下を連れて帰って宴会をやり，その相手をさせられたことへの反発からか，息子にはサラリーマンではなく手に職をつけることを勧めた。そのため，中学生で進学を考えるときには，当時自転車ばかりいじっていた熊沢氏に，工業高等専門学校を勧めた。しかし，中学の先生に相談したところ，勉強ができるので普通科のほうが良いと言われ，都立の進学校に進んだ。

　高校ではワンダーフォーゲル部に所属し，部長を務めた。部員が思うように

動いてくれず，部の運営で悩むこともあったが，後に人事の仕事をするうえで良い経験になった。高校では，最初は理系コースに進んだが，数学や物理が苦手になり，浪人してから文系に転じた。

北海道の大自然と「Boys be ambitious」にあこがれ，北海道大学文学部に進んだ。大学では体育会スキー競技部に入部し，クロスカントリー競技に取り組んだ。また，体育会本部に所属し，毎年数十競技が開催される全国七大学総合体育大会（通称，七大戦）の実行委員として活躍した。

大学では，バンカラで知られた学生寮（恵迪寮）に住み，いろいろな考え方の人に出会った。また，学生を温かく支援してくれる北海道の人情に触れることもできた。東京で学生時代を過ごした同級生とはかなり違う生活を送ることで，人間の幅が広がった。

大手素材メーカー（C社）に入社：工場人事から米国駐在へ

1988年，C社に入社した。就職はメーカーを中心に考えて活動した。スポーツを支援している会社が良いと考えていたところ，スキー部の先輩の紹介もあり，いくつかの会社の内定を得た。その中で，サッカーが有名で，特に強く誘ってくれたC社を選択した。

最初の配属は千葉県の工場の総務課で，人事・労務の担当であった。当時はバブルの好景気で，採用が主な仕事であった。その頃はまだ，大学卒と高校卒で，キャリア組とノンキャリア組に明確に分かれており，大学卒の熊沢氏には最初から事務職の部下がつき，承認を求められる立場になった。学歴によって社内キャリアに差があることに違和感があったが，その分，責任感が生まれた。

入社にあたっては，実は本社勤務を希望していた。工場の人事に配属になったことは少しショックではあったが，与えられた仕事に集中することに努めた。

工場で5年が経過した1993年，ようやく米国に駐在する機会を得た。C社がシリコンバレーに新設工場を立ち上げる時期で，さまざまな業務を担当した。シリコンバレーの工場立上げにともなう総務業務から，オレゴン州の工場での勤務を経て，再びシリコンバレーのC社の子会社で経理・総務を任された。

　まだインターネットが普及していない時代で，社員のために家を借りるとすると，新聞広告を見て直接電話して大家と交渉するような感じで，定型的でない仕事がほとんどだった。いずれも小さな組織で広範な業務を任され，最初は英語も苦手だったため戸惑うこともあったが，振り返るととても良い経験になった。経理の仕事を経験できたことも，後で役に立った。

大手外資系IT企業（Ｔ社）に転職：人事畑を歩み，取締役人事本部長に昇格

　３年間の米国勤務から帰国し，Ｃ社本社の人事部人材育成課で採用・教育担当になった。採用の仕事は楽しかったが，新しい学びが少ないと感じ始めた。

　社外の可能性も考え，Ｔ社の面接を受けてみたところ，コンピュータ事業部の人事として採用された。Ｔ社はシリコンバレーでは超有名企業で，社風の良い会社として知られていた。10年間勤務したＣ社，特に米国駐在をさせてくれた上司には恩義を感じたが，新しいチャレンジを選択した。

　Ｔ社では，1997年からの10年間は事業部人事を務め，途中，2004年にマネージャーに昇格した。2002年にＴ社は当時競合だったIT企業と合併し，世界規模で８万人＋８万人で16万人規模に急拡大した（2008年には別の企業とも合併し，32万人まで成長）。

　2007年からは，トータルリワードマネジャーとして，給与，年金などを含む人事企画を担当した。この時期，Ｔ社は多くの会社を買収した。人事部としてはそれらの企業の人事制度を統合し，従業員に納得してもらうために腐心した。

　2015年に会社は全世界で売上，利益規模でほぼ半々となる２社への分割を決定し，熊沢氏は一方の日本法人の取締役人事・総務本部長に昇格した。現在の直接の上司はシンガポール在住のアジアパシフィックの人事責任者である。順調に昇格を重ねられたのは，もちろん運もあるが，いつも真剣に仕事に向き合った結果と考えている。Ｔ社の場合，日本以外の国でも20年，30年と長く勤務している社員が多く，内部から昇格する役員も多い。外資系にもＴ社のような社風の企業もある。

30代，40代の方へのアドバイス：機会があれば，チャレンジする

　目の前に何か機会があるときは，なるべくそれを受けてチャレンジすると良い。また，今の仕事では成長がないと思ったときには，社外の機会も探してみるのも良い。転職の面接を受けることで他社のやり方を学べるし，自社の良さも再認識できる。結果的に現職に残る場合も多いが，他社の一端を知り，現在の仕事の意義を再確認することによって仕事への集中力がさらに高まる。

　外資系にいると，中途採用で入ってくる社員が多く，いろいろなキャリアの人が集まってくる。多様な人に出会えるのは，外資系の面白い点かもしれない。外資系といっても，社風にはいろいろあるので，最初から敬遠せず，自分に合った雰囲気の外資系企業でキャリアを始めると，その後の市場価値を高められる可能性がある。

　外資系企業で上位ポジションに行くには，英語は避けて通れない。自分は，英語には新入社員のときは苦手意識があったが，駐在経験を経て，ビジネスで使えるようになった。今では外国人上司と毎週，電話会議を行っている。だが，今でも英語については，十分だとは考えていない。

　お勧めの方法の1つは，電子メールに専用フォルダーをつくって，海外とのメールで参考になる文章はそのフォルダーに保管し，アレンジして使うことである。最初はマネから入り，繰り返して使ううちに自分の文章や言葉になっている気がする。

　実は外国人同士でも，英語のクセが違うと言葉が聞き取れないことは多い。以前，アメリカ人とインド人とニュージーランド人で会議をしたとき，アメリカ人の英語以外は聞き取れず，会話が理解できずに自信を失いかけた。しかし後から聞くと，その3人もお互いにわからないことが多々あることを聞いて，ネイティブ同士でもそんなものかと自信を取り戻した。

編集ノート ✎

・米国駐在させてくれたＣ社の上司は，Ｔ社に移った後，しばらく口を聞いて
　くれなかったが，最近，年賀状に役員就任の祝いの言葉をもらい，ようやく
　認めてくれた気がするとのこと。かつての日本企業のマネジメント世代は，
　将来を期待して育てた社員が転職することを理解してくれない人も少なくな
　かった。熊沢氏のような転職成功例が身近に増えていくことで，日本企業の
　転職に対する考え方も少しずつ変わっていくことを期待したい。

事例11　一般職OLから外資系企業でキャリア形成─杉林陽子氏

　杉林陽子氏（仮名）は，国内大手企業の一般職社員としてキャリアをスター
トし，複数の外資系企業でキャリアを積み上げていった。1990年代の日本企業
では，まだ女性が思うように活躍できない現実があったが，外資系企業では年
齢や性別に関係なくチャレンジすることができた。

　杉林氏は，結婚後も仕事と２児の子育てを両立させながら，外資系製薬企業
の管理職に昇格し，同世代の男性と同等以上の収入を得るまでになった。現在
は，主に製薬企業対象のコンサルタントとして活躍している。バリバリのキャ
リアウーマン志向ではなかった杉林氏が，自分のキャリアを着実に継続し，
ワークライフバランスの良さを実現した経験は多くの女性にとって示唆が多い
と考えられる。

少女時代から大学まで：大学受験の挫折にめげず，英語の勉強に注力

　杉林陽子氏は，1970年，横浜市で生まれた。メーカー勤務の父，専業主婦の
母，３歳上の姉という，当時の典型的なサラリーマン家庭だった。幼少時は，
早生まれだったこともあり，泣き虫の甘えん坊だった。

　小学校２年のとき，父の転勤で地方都市に転校したことは最初の試練であり，
転機となった。転校当初は方言や食文化の違いにとまどい，登校拒否に近い状

態になった。しかし，親や先生に励まされて学校に通ううちに，勉強にも自信
ができ，自立心も芽生えていった。

　小学校高学年からは，再び神奈川県に戻り，公立の中学校，高校に進んだ。
中学ではコーラス部やソフトボール部に所属し，明るく楽しく過ごした。高校
は，神奈川県立の進学校でテニス部に入り，真っ黒に日焼けして練習に励んだ。

　子どもの頃，近所にアメリカ人の子どもがいて，いつか彼女と話せるように
なりたいと思っていた。中学から英語が好きになり，海外留学にあこがれた。
大学進学では，迷わず英文科を選んだ。学費の安い国立大学に行けば海外留学
できると考えたが，本命の国立大学は残念ながら不合格で，2次募集で合格し
た私立大学の英文科に入学した。

　大学受験が希望どおりにならず，挫折感を味わった。当時はバブル時代で，
周囲の女子大生はテニスやスキーのサークルで楽しく遊ぶ雰囲気であった。し
かし，杉林氏は英語の実力をつけようと思い，塾講師などのアルバイトで収入
を得て英会話スクールに通い，米国やオーストラリアに短期語学留学した。そ
の結果，大学卒業時には，TOEIC800点を取得するまでになった。

メーカーの一般職として就職：日米合弁会社で広範な業務を経験

　1992年，財閥系素材メーカーに一般職として入社した。まだ男女雇用機会均
等法が施行されてから数年目であり，大手企業の総合職は，男性と肩を並べて
バリバリ仕事するキャリアウーマン志向の女子学生だけに門戸を開いているイ
メージであった。杉林氏は大学受験で挫折したこともあり，自分は「キャリア
ウーマンよりも，結婚して子どもをもちたい」ので，英語が使えれば一般職で
良いと考えた。父がメーカー勤務で，自社技術にプライドをもち，休暇も比較
的多かったため，メーカーに興味があった。

　実は就職活動では，自分で積極的にコネ探しをした。その中で，英会話スクー
ルで知り合いになった40歳代の男性が勤務していた会社を紹介してもらい，そ
の会社に就職することができた。売上3,000億円の優良企業で，会社の雰囲気も
良さそうだった。バブル景気で大学生の就職が容易だったことは幸運であった。

　最初の配属先は，海外部のアシスタント業務であった。書類作成などで英語
を使う仕事ではあったが，一般事務が中心で高度な仕事はやらせてもらえず，
発展性がないことを知った。特に，入社2年目に風邪をひいて会社を休んだと
き，「自分でなくても，誰もが代わりをできる仕事」であることに気づき，転
職を考え始めた。

　転職を考えていたところ，周囲がそれに気づいてくれたようで，3年目から
は，その日本企業が米国企業と設立した合弁会社に異動になった。立上げ時の
小さい組織のため，ここでは営業支援，海外向けの価格交渉，生産・在庫管理，
請求書発行などの広範な業務に携わることができた。

外資系医療機器企業に転職：営業職にチャレンジし，結果を出す

　米国との合弁会社では学ぶことが多かったが，そこで5年を経過すると，次
は「営業」にチャレンジしたくなった。当時の素材メーカーは，顧客が自動車，
化学，エレクトロニクスなどの大手企業ということもあり，まだ女性の営業は
皆無であった。男性社員は新卒直後から営業をやらせてもらえるのに，女性に
営業は任せてもらえないという時代であった。

　杉林氏は転職エージェントに登録し，新聞の求人欄に目を通し，外資系企業
を中心に何社かの面接を受けた。その中で，スイスの医療機器メーカーの外国
人社長が，「営業への熱意」を評価してくれたため，転職を決意した。

　この外資系企業では，日本から医療機器を途上国へ輸出する専門商社向けの
営業を担当した。最初は慣れない営業にとまどったが，すぐに顧客に「良い質
問をし，信頼関係を構築する」ことで，売上結果に結びつくことがわかってきた。

　運もあったかもしれないが，前任者の年間売上が3,000万円だったビジネス
で，1年めになんと4倍の売上1億2,000万円を達成することができた。外資
系企業の成果報酬制度も新鮮であった。売上の2％がインセンティブボーナス
として営業パーソンに入る仕組みだったため，初年は基本給に加え1億2,000
万円の2％である240万円のインセンティブを受け取ることができた。

　3年間，営業として順調に活動し，多くの経験を積むことができた。ところ

が，この企業が別の外資系企業に買収されることがグローバル本社で決まり，日本で杉林氏が担当していた業務は継続しないことが決定されてしまった。

外資系製薬企業に転職：留学を経て，マーケティングの専門職へ

自分の業務がなくなることが決定したが，それを好機と捉え，思い切って海外留学しようと気持ちを切り替えた。短い準備期間で留学できる学校の中から，米国カリフォルニア大学バークレイ校の短期MBAコースに行くことにした。

ここでは，4ヵ月間，マーケティングやインターナショナルビジネスを体系的に学んだ。座学に続く4ヵ月のインターンシップでは，日本の製薬企業の米国子会社でマーケットリサーチ（市場調査）の実務を経験し，インターン先から優秀賞を受賞することができた。

無事に学位（ディプロマ）を取得し，帰国した。国内企業の一般職だった数年前に比べ，転職の選択肢は多かった。自分の強みが，英語力，営業経験に加え，マーケティングにも広がっていることを実感した。

いくつかの候補の中から，フランスの大手製薬企業でマーケットリサーチ（市場調査）の仕事に就くことに決めた。直属の上司はフランス人女性マネジャー，その上の部長はスペイン人男性であった。日本の医薬品市場分析を専門とし，着実にキャリアを積み上げていった。

フランス系製薬企業では長く働く中で，2回の産休・育休も取得した。フランス企業は，一般的に女性が働きやすい環境が整っていて，特に2人目の育休後には，週2日の在宅勤務はありがたかった。

仕事面でも，30代後半でマネジャーに昇格した。会社は，マネジャー候補にチャレンジする機会を与えてくれた。杉林氏の場合，「女性の働きやすい職場環境をつくる社内プロジェクト」のプロジェクトリーダーとしての活躍が昇格理由であった。

結局，この会社では，マーケットリサーチ（市場調査）に10年，マーケティングコミュニケーション（顧客向けイベント開催や販促資材作成）に4年の計14年勤務した。

　3年前，育児の負担が減ってきたこともあり，製薬企業向けのコンサルティング会社に転職した。現在は，営業兼研修トレーナーとして，次のチャレンジを楽しんでいる。60歳までは今の会社でコンサルタントとして働き，その後は，自分の好きな仕事をフリーランスで行ったり，海外に移住したりするようなことを考えている。

30代，40代の方へのアドバイス：仕事と家庭は，両立できる

　若い世代の方は，自分が何に向いているかわからないことが多いと思う。目の前の仕事を一生懸命にやっていくうちに，自分に向いた仕事が見えてくるものだと思う。やる気を示していると，周囲には見てくれている人がいて，良い仕事をやらせてくれる。あるいは「自分の次の仕事のヒント」をくれることもある。

　女性も仕事をできる限り継続するほうが良い。自分は非常に計画的にキャリアプランを考えたわけではなかったが，結果的に仕事と家庭の両立を実現することができた。この両立を図るには，どちらも80％を目指し，パーフェクトを求めないことが肝要である。

　プライベートを含め，そのときの状況に応じ，自分で日々のタスクの優先順位を決め，効率良く仕事をこなす習慣をもつことが大切である。自分ですべてやろうとせず，人に頼る工夫もあってよいと思う。

編集ノート

・杉林氏はキャリアウーマン志向でなかったと言うが，結果的には，非常に高いレベルで仕事と家庭の両立を実現されている。ご本人が話しているように，どちらも完璧を求めず，バランスをとり続けることが大切なのであろう。
・夫や親などにサポートしてもらえるかどうかは，家庭によりさまざまであるが，保育園，ベビーシッター，家事サポート，配達サービスなどの外部リソースは，成功した女性の多くが活用しているため，お勧めである。

事例12　外資系企業４社でマネジメントに従事—山岸慎司氏

　山岸慎司氏は，本書の著者の１人である。現在，フリーのコンサルタントとして独立し，大学生の就職活動や社会人の転職活動を支援するとともに，企業向研修でビジネススキルやキャリアデザインについて指導している。

　それ以前の社会人生活では，約30年間に６つの会社（日本企業１社，外資系企業５社）で多様な仕事に就き，外資系企業４社では経営メンバーとして会社経営に携わった。会社や仕事は，必ずしもいつも順調というわけではなかったようだが，状況に応じて柔軟にキャリアに向き合ったことで，一定の成功を収めた事例と言えよう。

少年時代から大学まで：昆虫が好きで，海外にあこがれる

　山岸慎司氏は1962年，東京都板橋区で生まれた。父は日立系素材メーカーのサラリーマンで，小学校に上がるとき，父の転勤で茨城県日立市に転居した。日立市は海と山が近く，自然が豊かなところでのびのびと過ごした。社宅の裏山には季節ごとにさまざまな昆虫がいて，昆虫採集に熱中した。また，毎日のようにソフトボールで遊んだ。

　小学２年生の1970年，大阪万国博覧会が開催され，見学する機会を得た。各国の文化や技術を紹介するパビリオンや多くの外国人を目にすることができ，これは初めての「海外体験」であった。将来，いろいろな国に行く仕事をしたいと思うきっかけになった。

　５年生の終わりに，再び父の転勤で東京都練馬区に転居し，中学，高校は地元の公立に通った。中学校では，生徒会活動に力を入れた。高校では軟式庭球部に入り，テニスに熱中した。学校行事がとても多く，楽しい高校生活だった。

　当時の都立高校は，80％は浪人し，予備校時代に必死で勉強する雰囲気であった。努力の甲斐あって，東京大学理科２類に合格した。大学では，体育会の軟式庭球部に入り，テニス，麻雀に明け暮れた。

　昆虫が好きだったので，農学部農業生物学科の養蚕学研究室（現在の昆虫遺

伝学研究室）に入り，大学院修士課程にも進んだ。しかし，研究室にこもっているのは，性に合わなかった。スキー場のユースホステルでのアルバイト，北海道の自然保護団体のボランティアなどの活動にも積極的に参加した。学外活動で多様な職業の社会人に出会ったことで，視野と価値観が広がった。

三菱油化に入社：自己完結型の仕事の進め方を体得する

　山岸氏は就職活動において，いろいろな可能性を模索したが，「革新的な技術で新製品を世に出すメーカー」を志望することにした。特に「生物（ライフサイエンス）」と「海外ビジネス」に関わる仕事ができそうな会社を探した。

　その結果，当時の三菱油化株式会社（現在の三菱化学）に入社した。決め手となったのは，学生時代の専門性（農学，生物学の知識）を活かし，農薬の研究開発ができることと，財閥系企業の割には自由闊達な社風であったことである。

　1988年に同社に入社し，筑波研究所で稲作用除草剤の開発研究を担当した。農薬の候補となる新規化合物を実験用水田に散布して，どの化合物が水稲に安全で，雑草を除去する活性が強いかをスクリーニングする生物的評価の仕事である。

　2年間の研究所勤務の後，本社の農薬部企画開発グループに転勤になった。海外で働きたいという希望を出していたので，本社勤務は期待どおりのステップであった。本社で担当したのは，全国の農業試験場を訪問し，農薬の候補となる新規化合物を，実際の水田や畑で実用性評価してもらう試験を依頼する仕事であった。

　これを北海道から沖縄まで，全国40ヵ所くらいで行うため，2月末の沖縄の田植えに始まり，10月に全国の稲刈りが終わるまで，毎週4日間は出張で，本社には会議と経費精算に行く程度だった。ほとんどが単独出張で，上司は山岸氏に多くを任せてくれた。このとき，相手との交渉や議論を，自分の責任でその場ですべて決めて終わらせるという「自己完結型の仕事の進め方」を身につけることができたことは，その後も非常に役立った。

英国留学：経営の基礎と英語コミュニケーションを学ぶ

　入社 5 年目，社内の選抜制度に合格し，1993年にロンドン大学の経営管理学大学院に行くことができた。英語力は今一つだったにもかかわらず，仕事振りと熱意を評価して推薦してくれた農薬部の上司の方々には本当に感謝していると言う。

　英国での 1 年間は，まさに寝る間も惜しんで勉強した。経営戦略，マーケティング，人材管理論，ファイナンスなど，それまでは勉強したことがない内容を，いきなり英語で読み，ディスカッションするためには，予習復習にとにかく時間をかけた。

　また，留学生用の寮で，さまざまな国からの留学生たちと，一緒に料理をして会話することができ，楽しい時間だった。このおかげで，英語の会話力と異文化コミュニケーション力が飛躍的に向上した。

　一方，留学中に良くない出来事が起こった。バブル経済が崩壊し，三菱油化は優良企業から赤字企業に急落していた。その結果，山岸氏が所属していた農薬部門が，フランスの化学会社に売却されることが決定したのだ。留学後に戻るはずだった農薬部が，不採算部門として売られてしまった。さらに，三菱油化全社が，同じ三菱グループの化学会社である三菱化成株式会社に吸収合併されることが決まった。せっかく，三菱油化という会社にご縁を感じて入社し，そこで認められて留学させてもらったのに，帰る会社が変わってしまった。

　1994年秋，無事にMBAを取得し，帰国した。同時期，三菱油化と三菱化成が合併して，三菱化学株式会社が発足した（現 三菱ケミカル株式会社）。表面上は対等合併だったが，売上規模と従業員は三菱化成のほうが 3 倍くらい多かった。そのため，社内の雰囲気は，老舗の三菱化成が，戦後にできた石油化学専業の三菱油化を救済してやったという感じで，居心地が悪かった。

　帰国後は，新会社の三菱化学本社の新規事業本部で，2 つのプロジェクトにアサインされた。1 つ目は，バイオケミカルプロジェクトといい，環境に優しい素材を化粧品などに用途開発する仕事であった。2 つ目は，オプトエレクトロニクスプロジェクトといい，半導体レーザの技術を光通信の海底ケーブル用

増幅器などに応用する仕事であった。

　ともに，会社としては期待の大きなプロジェクトで，仕事は充実していた。特に，半導体レーザのプロジェクトは成功していた。太平洋横断ケーブルに，三菱化学が開発した半導体レーザを搭載した増幅器が採用され，売上100億円に急成長した。しかし山岸氏は，ここでは技術営業の役割で，電子部品関連の顧客をもったが，自分の技術理解力が低いため主力社員にはなれそうもないことを感じた。

　留学させてもらった会社を辞めるのは申し訳ないと思ったが，妻が小さな外資系企業に転職し，イキイキと働き始めたため，外資系企業への転職もオプションの１つと考えるようになった。帰国後３年半が経過した1998年春，化学業界に強いコンサルティング会社として以前から知っていたアーサー・D・リトルにご縁があり，転職を決断した。

経営コンサルタントに転身：スピードと結果志向をたたき込まれる

　1998年，山岸氏は10年間勤務した三菱化学から米国系コンサルティング会社，アーサー・D・リトル（ADL）株式会社に転職した。同社は，世界で最も歴史が長く，製造業に強いコンサル会社である。特に化学・ヘルスケアなどに実績が多かった。

　「これからは自分の力でキャリアを開拓していくぞ」と，意気揚々とADL社に入社したが，当初は非常に辛かった。コンサルタントに必要な戦略的思考力，分析力などのスキルは，ある程度ベースがあるつもりだったが，求められるレベルにはほど遠かった。また，それらのスキルを生かすための「スピード感（アジリティ）」が圧倒的に不足していた。

　さらに山岸氏は，プロのコンサルタントとして最も必要な「顧客の期待するレベルの結果を何が何でも出す」という「結果志向」の意識が不足していたと言う。いくつかのプロジェクトで，先輩社員たちと仕事する中で，「できない理由をさがす」のではなく，「とにかく結果を出す」というマインドが鍛えられた。

　結局，５年間の在籍期間に，30社以上のプロジェクトに関わり，経営全般を

実践的に考えることができた。例えば，エレクトロニクス企業の新規事業戦略
策定，化学会社の組織再編，外資系ヘルスケア企業のマーケティング戦略構築
といった感じで，いずれも顧客企業の中枢に関わる仕事であり，大きな責任を
感じつつ全力で取り組んだ。

　コンサルティングは，一般的に「1年で5年分の成長ができる」と言われる。
実際，仕事に求められる質の高さと量の多さは，普通の仕事の5倍という表現
は，大げさではないかもしれない。最初の2年程度は，肉体的にも精神的にも
非常に辛かったが，3年目以降は，責任ある仕事へのやりがいを感じ，忙しく
も充実した日々を過ごした。

グローバル企業のマネジメントに転身：経営の実践に取り組む

　山岸氏は40歳を迎えた頃，実際に企業経営に関わる仕事に携わりたくなって
きた。コンサルタントとして戦略策定や組織変革の方法論はプロフェッショナ
ルになったが，自分が考えることを実践してみたいという気持ちが強くなった。

　2002年末，スイスの診断薬大手企業に経営企画室長として入社した。従業員
700名の日本法人の経営メンバーの一員として，会社全体のマネジメントに参
画した。経営企画室長の仕事は，中期成長戦略の策定，企業買収の交渉，新規
事業立上げなどであった。コンサルタントの経験を活かしつつ，やりがいのあ
る仕事にチャレンジできた。

　3年後，糖尿病製品事業部長を任されることになった。糖尿病の患者さんが
自分で血糖値を測定する医療機器（自己血糖測定器）の責任者である。売上は
約50億円，約100名の部下をもち，シンガポール在住のアジアパシフィック責
任者が上司であった。初めて大きな売上利益の事業責任をもち，毎月の売上達
成のため営業チームのモチベーションを上げる工夫，戦略的なマーケティング
に努力した。

　同社の業績は良かったが，日本の市場成長率が相対的に低いため，日本で約
20名を人員削減せざるを得なくなった。上司が言うのは，5％しか成長しない
日本で20名を削減すれば，30％成長している中国やインドで200名を採用でき

る，というグローバル企業の論理であった。この人員削減の過程で，当時のインド人上司と折り合いが悪くなり，転職を決意した。

　次に4社目となる米国系医療機器企業に入社した。ここでは，ある医療機器部門の事業責任者を担った。日本法人の経営メンバーの一員として，再び会社全体のマネジメントに従事した。上司は米国人社長で，ここでも営業マーケティング活動および人材育成に注力した。日本の事業は順調であったが，リーマンショックの影響などで，在籍した5年間に，本社から2回の人員削減の指示があり，退職勧奨など厳しい決断もせざるを得なかった。

　コンサルタントから外資系企業のマネジメントに転じて約10年が経ち，一度は「社長」をやってみたいと思い始めていた。その頃，ちょうどデンマークの医療機器企業からお声がかかり，代表取締役社長として入社した。5つ目の会社である。日本法人（売上35億円，従業員120名）の経営責任者として，営業，マーケティング，人事，経理，製造，カスタマーサービスといった，経営全体を統括した。

　しかし，着任後1年足らずで，山岸氏を採用してくれたデンマーク人上司（シンガポール在住のアジアパシフィック責任者）が，アジア全体の業績が悪かったため解任されてしまった。その後任の上司は，前任者が採用したアジア各国の社長を，全員，取り替える方針であった。グローバル企業ではときどき起こることであるが，約1年半で，同社を辞めることとなってしまい，非常に残念であった。

　6社目はドイツの製薬企業の動物薬部門に転職し，執行役員事業部長に就任した。日本法人の経営メンバーの一員として，マネジメントに携わった。順調に業務遂行していたが，同社がフランスのライバル企業を買収し，またしても大きな組織変更があった。合併にともない，日本法人はフランス企業側の人が社長に就いた。山岸氏のポジションは，先方の会社と統合され，次の仕事を考えざるを得なくなった。

　山岸氏はこの頃までに，4つの外資系企業でマネジメントポジションに就き，計14年が経過し，一通りのことはやり尽くした気がしていた。55歳を迎え，こ

れからは次世代の人材育成に注力していきたいと考えた。

　2016年からキャリアコンサルタントが国家資格になったことを知り，この資格を取ろうと決意した。8ヵ月間，専門学校に通い，2017年秋，資格を取得した。現在は，フリーのコンサルタントとして，企業経営と人材育成に多面的に関わっている。

30代，40代の方へのアドバイス：人生の主人公は自分

　会社生活では，いろいろなことが起こり得る。企業同士の合併や，事業売却など，個人ではコントロールできないことも多い。大きな変化に直面したとき，いつも考えていたのは，「人生は1度だけなので，悔いの無い決断をしよう」ということであった。

　人生の優先順位は，1位が自分の健康（健康を害したら，いくら仕事で成功しても意味が無い），2位が家族の幸せ（子どもができてからは，こちらが1位になったかもしれない）であり，仕事はどう考えても3位以下である。英国留学や外資系企業において，多忙なエグゼクティブの外国人が，健康と家族を大切にすることを目の当たりにし，このことを確信した。

　キャリアチェンジに迷ったときは，「人生の主人公は自分」であることを意識し，自分と家族が幸せになれそうな方向を選ぶと良い。楽天的に，日々の努力を継続していれば，人生は何とかなるのではないかと思う。

編集ノート 🖊

・山岸氏のキャリアの軸は，「生物（ライフサイエンス）の知識」「英語コミュニケーション力」「経営マーケティングの経験」が活かせることである。このように，自分を差別化するポイントを明確にできると，転職も比較的容易になる。
・良い転職は「良い出会い」なので，「出会いの場を多くもつこと」が大切である。山岸氏は，転職を考える時期には，できるだけ多くの転職エージェントに会い，興味をもった会社の面接に多くいくことを心がけていたと言う。

第8章

ベンチャー企業に転職

> 　第8章では，新卒で入社した企業からベンチャー企業に転じて，次の
> キャリアを展開している4名の方々をご紹介する。
> 　事例13：菅原敬氏　　「コンサルティングからベンチャー企業CFOへ」
> 　事例14：中村龍太氏　「ITベンチャー企業で複業家を実践」
> 　事例15：大田雅人氏　「人気成長企業の経営企画室で活躍」
> 　事例16：久保寺正氏　「複数のベンチャーで，プロティアンキャリアを
> 　　　　　　　　　　　追求」
> 　大手企業からベンチャー企業への転身は，相応のリスクがあることは確
> かであるが，ここでご紹介する4名の方々は，新しいチャレンジを楽しみ
> ながら，しなやかにキャリアを築いているように見受けられる。

事例13　コンサルティングからベンチャー企業CFOへ─菅原敬氏

　菅原敬氏は，コンサルティング会社でキャリアを積み，化粧品や美容に関する
インターネットサイト「@cosme（アットコスメ）」を運営する株式会社アイスタ
イルを共同で創業した。アットコスメは，そのユニークなビジネスモデルで美容
総合プラットフォームとしての地位を確立し，2012年に東証一部上場を果たした。

　菅原氏は，1999年のアイスタイル創業時から社外取締役を務め，2004年に常
勤取締役に就任した。現在は，取締役CFO（財務責任者）とグローバル事業
統括責任者として，売上200億円，社員1,400名の成長企業を牽引している。

　菅原氏のキャリアは，大学までは決して順調ではなかったそうだが，海外留学
とコンサルティング会社での経験を活かし，ベンチャー企業を上場させたCFOと
して大きな成功を収めるに至った。多くのビジネスパーソンがあこがれるような
キャリアはどのように形成されたのか，読者にとって多くの示唆があると思われる。

少年時代から大学まで：父親の仕事を手伝い，英語の必要性を知る

　菅原氏は，1969年に東京都世田谷区で生まれた。父は洋酒の輸入販売会社を経営していた。イギリスからウイスキーを，フランスからワインを輸入していたことから，子どもの頃から外国人と接する機会があり，これが海外に興味をもつきっかけとなった。

　小学生時代の世田谷区は，まだ空き地が多く残され，のびのびと育った。特に虫採りや魚釣りが好きな少年だった。勉強は歴史や科学のような暗記物が好きで，6年生のときには，鉄道時刻表を調べて，効率よく旅行することを考える「紙上旅行クラブ」の部長を務めた。

　中高一貫の私立中学に進み，サッカー部に所属した。高校に入ると，あまり勉強しなくなり，繁華街で遊ぶこともあった。高校の前半は理系クラスだったが，途中で文系に変えたこともあり，大学受験は不本意な結果になった。

　私立の中堅大学に進学し，あまり何かに熱中できない期間を過ごした。大学卒業後は，父親の仕事を継ぐつもりでいた。実は中学生の頃から小遣いはもらえず，アルバイトとして家の仕事を手伝っていた。洋酒の配達やレジ打ちはもちろん，倉庫の整理やPOSマスターデータ整備も行った。この経験は，現在の仕事で化粧品の流通実務を理解するうえで役立っている。

　洋酒の仕入れのためには英語が必要だと感じ，英国のカレッジに留学した。その後引き続き，英国王立ブリストル大学の大学院に留学し，MBAを取得した。留学先で，マッキンゼーで経営コンサルタント経験のある優秀な日本人女性に出会い，コンサルティングに興味をもった。そこで，英国のコンサルティング会社で6ヵ月のインターンシップ（化学会社の事業価値評価プロジェクト）に参加し，これを卒論とした。

コンサルティング会社に就職：アクセンチュアとアーサー・D・リトルで活躍

　1996年，日本に戻り，アンダーセンコンサルティング（現アクセンチュア）に就職した。主にビジネスプロセスリエンジニアリング（BPR，事業プロセス改善）を行う部門で，電機メーカーのサプライチェーンや欧州通信会社のプロ

ジェクトなどを経験した。アンダーセンでは，システムエンジニアとしての基本的なスキルを習得することができた。データベースの内容を詳細に理解できることは，現在の仕事にも活きている。

　2000年，もっと製造業の経営戦略策定に携わりたいと考え，製造業に強いコンサルティング会社であるアーサー・D・リトルジャパンに転職した。ここでは製造業やIT企業の新規事業支援のプロジェクトを多く経験した。大手エレクトロニクス企業の将来技術予測を行うプロジェクトや大手人材企業の新規事業プロジェクトが，特に印象に残っている。

　マネージャーに昇格し，新卒および中途社員の採用や育成にも注力した。この頃，コンサルティングの実務だけではなく，マネジメント的な仕事が増えてきた。それは，コンサルタントとして一人前になったことを意味していた。

アイスタイルの常勤取締役へ：組織マネジメントの強化に取り組む

　2004年，現在勤務する株式会社アイスタイルに転じた。アイスタイルは，アンダーセンコンサルティング出身の吉松徹郎社長が創業し，化粧品の口コミサイト「＠コスメ（アットコスメ）」を運営する，当時はまだ社員60名のベンチャー企業だった。

　菅原氏は，吉松社長とはアンダーセンコンサルティングの同期入社で，ある地方都市でのプロジェクトで，同じウィークリーマンションに長期滞在した仲間であった。吉松社長が1999年にアイスタイルを創業する前から，忙しいコンサルティング業務の合間を縫って，一緒に事業計画を作成していた。そのため菅原氏は，吉松氏の「良き相談相手」として，コンサル会社に勤務しながらアイスタイル創業時から社外取締役に就任していた。

　アイスタイルの常勤取締役に就任してからは，5人のマネジメントチームの一員として，組織マネジメントの強化に注力した。創業5年目の同社は，売上7億円，社員60名の規模で，社長を中心とした迅速な意思決定を重視する組織運営をしていた。しかし，その後の急成長期を迎えようとしていた同社は，機能ごとに役割分担を明確にした組織運営に転換する必要があった。

　菅原氏は，マネージメントチームのバランスをとる役割を担い，さまざまな機能の責任者を歴任した。例えば，CTO（技術責任者），子会社社長（ビッグデータ活用のコンサルティング），電子商取引立上げ，CFO（財務および管理部門責任者）など，そのとき組織に求められることを数年ごとに担当してきた。

　どの仕事にも全力で取り組む菅原氏は，それぞれの役割で実績を残してきた。CTOとしては，2005年に「日本を代表する情報リーダー25人」に選出された。これは文系出身者としては異例の選出であろう。また，子会社社長としては，ビッグデータを用いたコンサルティング事業を立ち上げたが，将来性を見極め，立ち上げた会社をあえてクローズするような厳しい経営判断も断行した。

さらなる成長を目指して：東証一部上場，そしてグローバル展開へ

　そして菅原氏はCFOとして，アイスタイルが2012年3月に東証マザーズに上場し，同年11月に東証一部への市場変更を果たすプロセスを統率した。創業から13年目，ベンチャー企業として最初の大きな目標を達成したことになる。

　株式上場への準備プロセスは，計画したタスクをそれぞれのチームがきちんと実行していくプロジェクトマネジメント力が重要である。菅原氏は，自身のコンサルティングでのプロジェクト経験が活きたと振り返る。

　2019年で創業20周年を迎える株式会社アイスタイルは，売上285億円（2018年6月期），世界従業員数1,400人の規模に成長を遂げた。菅原氏は現在，取締役CFOに加え，グローバル事業責任者として同社の海外展開を牽引している。

　同社の中期経営計画では，2020年に売上500億円を目指しており，海外事業への期待も大きい。組織がグローバル化し，ソフト・ハードの両面で経営の難易度が高くなっている。菅原氏は「経営は実行力が勝負」と考え，長年，成長企業を牽引してきたが，「正直なところ，今でもときどき眠れない夜もある」と言う。

30代，40代の方へのアドバイス：目前の仕事に全力で取り組むと次の道が現れる

　自分は，「キャリアプランは要らない」と考える。若い人の中には「自分のキャリアプランはこうなので，こういう仕事だけをしたい」と言う人もいるよ

うだが，これは自らの可能性を狭めると思う。

　まずは与えられた仕事を懸命にこなし「目の前のことをやり切る」ことが大切である。このとき，「常に求められる以上の結果を出し続ける」ことを心がけるべきである。そうすれば，自然に次に複数の道が現れる。

　自分のこれまでのキャリアにおいては，数々のコンサルティングプロジェクトもアイスタイルでの多くの役割も，そのときに必ずしもやりたい仕事ばかりではなかった。しかし，いつもベストを尽くしてきたことが自分を成長させ，現在につながっている。

　また，仕事は3年サイクルくらいで新しいことにチャレンジしていくのが良い。次々とチャレンジすることで，新しい仕事を何とかこなす「ハッキング技術」（高度なスキルを取り込む技術）が身につくように思う。

編集ノート

・菅原氏は，経営コンサルタントからベンチャーで成功というキャリアから想像する一般的なイメージとは少し違う柔和な感じの方である。「論理的なだけでなく，人情に厚いバランスの良いリーダー」というのが，社内で菅原氏をよく知る人たちの印象のようだ。コンサルタントの良い面と，父親譲りの経営的センス，周囲の人を巻き込む共感力が，ベンチャー企業の経営メンバーとして成功した要因のようにお見受けした。

・キャリアプランを計画しすぎず，求められることに全力で向かううちに，次のキャリアが自然に現れるというのは，第3章で紹介したスタンフォード大学のクランボルツ教授が提唱した「プランド・ハップンスタンス理論（計画的偶発性理論）」（58ページ参照）で見た，多くの成功者と共通する。変化が激しい現代においては，あまり将来のことを考えすぎないというのも，キャリア開発のうえでは大切なのかもしれない。

事例14　ITベンチャー企業で複業家を実践─中村龍太氏

　中村龍太氏は，大手IT企業の日本電気（NEC），マイクロソフトを経て，IT

ベンチャーのサイボウズ株式会社に勤務。サイボウズは，すでに東証一部上場を果たした急成長企業でありながら，他の仕事との兼業を認め，社長自ら育児休暇を取得するなど，ユニークなマネジメントで知られている。龍太氏（本人の希望により名前を使用）は同社サラリーマンとしての本業以外に，自分の会社で農業とITをつなげる仕事などをしており，名刺の肩書きは「複業家」である。龍太氏は，本業に対して副業があるというよりも，複数の仕事をするという意味で「複業」という表現をしている。

　龍太氏の働き方は，「未来の仕事のスタイル」として，NHK『クローズアップ現代』や各種雑誌などでも紹介されている。「働き方改革」を推進する安倍晋三首相のヒアリングも受けた。本業以外の仕事，副業を認めている企業は，まだ15％程度と言われている。人生100年時代には，ある仕事をしながら他の仕事も試しにやってみて，その中から次の本業のスキルやネットワークを築いていくことが有効と言われている。国も，副業を認めるべきとの方針を出しているが，まだ企業の腰は重い。

　龍太氏が，なぜ複数の仕事をするようになったのか，どのようにしてそのスキルを身につけたのか，複業のメリットは何かなど，時代の最先端事例として興味深い。

少年時代から大学まで：高校受験に失敗し，コンピュータの面白さに出合う

　龍太氏は1964年に広島県で生まれ，父の仕事の都合で小学校を何度も転校した。レゴが好きな，どちらかというと内気な少年であった。福岡県で中学に入り，放送部に所属した。高校進学では公立高校を目指していた。残念ながら不合格になりがっかりしたが，それが現在につながる転機になった。

　入学した私立高校でも，中学に引き続き放送部に入部した。その高校には普通科だけでなく情報処理科があり，放送部の情報処理科の先輩を通じてコンピュータに出合った。当時はちょうど，インベーダーゲームなどのテレビゲームが流行し始めた時期で，高校生は喫茶店で100円玉をつぎ込んで遊んでいた。しかし，コンピュータでプログラミングをできるようになると，自分でゲーム

をつくれることを知り，龍太氏はその面白さに夢中になった。高校3年のとき
には，NECのパソコンを23万円で購入するほど，のめり込んだ。

　大学は，コンピュータの勉強ができる私立大学の管理工学科に進んだ。「情
報処理研究会」というサークルに入り，コンピュータの可能性を追求し，副会
長を務めるまでになった。また，ゼミの先生からの依頼で「企業経営研究会」
を設立し，初代の会長を務めた。

日本電気（NEC）に就職：日本の大手企業で幅広い業務を経験

　1986年，コンピュータ関連の仕事を探す中で，日本電気株式会社（NEC）
に入社した。当時はバブル経済の入口で景気が良く，多くの選択肢がある中で，
高校生のときにパソコンを購入して親しみを感じていたNECに決めた。

　NECでの最初の仕事は，電話交換機の事業部であった。優秀な人が集まる
コンピュータに関わる仕事は自信がなかったので，その事業部を選んだ。電話
交換機事業の企画部で1年働いた後，民需系の事業部に移った。NECには計
10年勤務し，企画部から広報，チャネル系企画，営業など，幅広い業務を経験
することができた。

　NECは当時，C&C（コンピュータ&コミュニケーション）を企業理念に
掲げ，日本のIT業界をリードしていた。米国のIT業界との情報交換の場も多
くあり，龍太氏も米国と同じようなコンピュータテレフォニーのコンソーシア
ムの立上げと事務局を担当する機会があった。そこでの経験の中に，急成長中
のマイクロソフトがあり，魅力的に感じていた。

マイクロソフトに転職：米国企業で高い目標にチャレンジ

　1997年，日本マイクロソフト株式会社の誘いを受け，転職した。ウィンドウ
ズ95が発売され，日本で急拡大している時期であった。龍太氏は，ウィンドウ
ズNT普及のためのインダストリーマーケティングを担当した。中堅企業向け
の業務系システムを開発する事業部門で，販売戦略立案やマーケティングを幅
広く行った。

　マイクロソフトは，典型的な米国のベンチャー企業のカルチャーで，高い目標に向かいチャレンジを続けていた。龍太氏も，毎年の売上目標が前年の2倍を求められるような状況で仕事に没頭した。多忙な仕事の一方で，社内のキャリアプラン制度や研修プログラムが充実しており，自分のキャリアを考え，スキルをブラッシュアップする機会も多かった。

サイボウズで複業家の道へ：農業へのIT技術の応用を実践

　2013年，16年勤務したマイクロソフトを離れ，サイボウズ株式会社に転職した。マイクロソフトの仕事で，同社のマネジメントメンバーと面識があり，あるタイミングで転職の誘いを受けた。サイボウズは，1997年に現社長の青野慶久氏らによって創業されたソフトウェア開発会社で，主に企業向けグループウェアに強みをもつ。創業から3年後の2000年に東証マザーズに上場し，2006年に東証一部上場を果たした急成長企業である。

　龍太氏は同社の社長室で，クラウドサービスの適用分野の開拓を担当している。成長中のベンチャー企業の仕事にやりがいを感じる一方，給料はマイクロソフト時代の半分に減る条件であった。そこで龍太氏は，自分の会社（コラボワークス社）を設立し，サイボウズ以外の仕事も行って収入を補う機会をもらい，認めてもらった。

　現在は，週4日はサイボウズの正社員として仕事をする。残りの日は，コラボワークス社で，その仕事をしている。具体的には，サイボウズのクラウドサービス製品の顧客であった大手機械メーカーの子会社とコラボワークス社が提携し，先進的な農業の試験圃場を運営している。

　ここでは，健康に良いニンジンの栽培方法を確立しようとしている。例えば，IT技術で気象データを把握し，積算温度を管理することで収穫時期を予測し，市場に対して安定的な価格でおいしい作物を提供することが可能になる。龍太氏は，千葉県の自宅近くの農地を借りてニンジンを栽培し，データ収集を支援している。

　今後は，コラボワークス社を通じて，自分の経験・スキルを「売れる部品」

としてコンサルティングやアウトソーシングの受託につなげていきたいと考えている。

30代，40代の方へのアドバイス：「ありがとう」の領域を広げる

　複業家として，それに興味がある人へのアドバイスは，「まずやってみればよい」である。試しに始めてみると，いろいろな学びがある。やってみて難しければ，やめればよいだけのことである。

　自分は，「ありがとう」の延長に仕事があると考えている。すなわち，「自分ができること」，「相手がやりたいこと（求めること）」の2つの重なり合う部分が「ありがとう」の領域である。この「ありがとう」を広げていくことが，人生のやりがいになると思う。

　誰もが複業家を目指す必要はないが，若い時期から「スキルを身につける」という意識で働くと良いと思う。特に16年勤務したマイクロソフトでは，コンピテンシー評価で自分のスキルレベルを客観的に理解し，キャリア意識を高めることができ，現在につながった。

編集ノート 🖊

- 龍太氏は，高校受験がうまく行かなかったことで，天職ともいえるコンピュータと出合ったという。キャリアの8割は偶然に支配されるという，スタンフォード大学のクランボルツ教授の「プランド・ハップンスタンス（計画的偶発性）理論」（58ページ参照）の典型的な事例のようで興味深い。
- 日本マイクロソフト社でコンピテンシー評価を受け，将来の社内外のキャリアプランを考える機会があったのは，外資系企業が進んでいる点である。日本企業では，自分のスキルを客観的に評価し，他社でも通用する移転可能な（トランスファラブル）スキル向上に意識をもつ機会はまだ多くない。
- サイボウズ社はベンチャー企業として，かつては長時間，ハードに働くことで急成長を実現した。一方，社内の雰囲気が悪くなり，離職率が高まったため，ワークライフバランス重視の経営に大きく舵を切った。その結果，現在はマネジメントの先進性が評価され，非常に人気の高い就職先となっている。

事例15　人気成長企業の経営企画室で活躍─大田雅人氏

　大田雅人氏（仮名）は，誰もが知っているサービス業向けインターネット情報サービス企業P社の経営企画室副室長である。まだ30歳代でありながら，東証一部上場の成長企業であるP社の経営管理，中期経営計画，新規事業戦略などに中心的に関わっている。

　新卒ではIT企業に入社し，ベンチャー企業を経て，2010年，P社に入社した。長身で温和なスポーツマンタイプの大田氏が，これまでどのような経験を積んで人気企業で経営戦略を担う仕事に就いたのか，振り返っていただいた。

少年時代から大学まで：バレーボールに熱中

　大田氏は，1980年に千葉県で生まれた。祖父が農業を営んでいたためか，「良いモノをつくって売る」ということに，子どもの頃から関心があった。また，小学校の授業で学んだ「日本のモノづくり」のレベルの高さに，誇りをもっていた。

　小学生から背が高く，小6ですでに170センチもあったので，中学では長身が生かせる，バレーボールかバスケットボールをやろうと思った。どちらが自分に向いているか考えたところ，バレーボールのほうがバスケットボールより戦術的に面白そうだったので，バレーボール部に入った。中学は公立で，伝統的なバレー強豪校ではなかったが，強豪ではない分，早くから試合に出ることができた。その地域での目立った活躍が認められ，高校にはバレーボール推薦で強豪校に進学した。結局，中学から大学まで通算10年間，バレーボールに熱中した。

　バレーボールは，選手が1回ずつしかボールにさわれないので，1人だけがうまくても勝てない競技である。そのため，戦略や作戦がほかのスポーツより多岐にわたり，重要であることが自分の性に合っていた。大田氏は，副キャプテンとして，「相手にどうやって勝つか」という戦略を考えるのが好きだった。また，チームとして勝ったときの喜びをチームメートと分かち合えるのも魅力

的だった。

　大学では，社会心理学を専攻した。大学までは，就職に直接関連しなくても，好きな勉強をしようと思っていた。大田氏は，高校生の頃から「人間の行動」に興味があり，例えば「第一印象とその後の付き合い」「人の動かし方」「モチベーション」などに関心があった。学生時代に学んだことは，のちに社会人大学院で人材マネジメントの理論（マズロー，マグレガー，スペンサーなど）を学ぶときに深く理解するベースになった。

新社会人時代：自己完結型の仕事の進め方を学ぶ

　2002年4月に社会人になった。大田氏は文系であったが，ITに強く，モノづくりに興味があったため，IT企業に入りたかった。ただし，タイミングが悪いことに，就職活動をした2001年は，ITバブルが崩壊した直後で，9月に米国で同時多発テロが起こり，新卒の就職は厳しい時代だった。

　就活ではいろいろ苦労したが，結局，製造業向けのパッケージソフトを開発している中規模のIT企業に就職することができた。最初の配属は，特に希望はしていなかった営業部門であった。当時の上司は，部下への「丁寧な指導」をするタイプではなく，「とにかく現場でやってみろ」というタイプであった。何もわからない新入社員であったが，大手システムインテグレータ企業向けのプロジェクトの納期管理の責任をもたされた。

　プロジェクトを管理するには，関連業務を広く理解する必要がある。そのため，社内の関連部門と複数の外注先エンジニアに頭を下げて，業務内容と関連技術を教わりながら，手探りで進捗管理を行った。この時期は，連続徹夜になるようなことも多く，非常にハードな状況であった。しかし，少しずつ顧客や外注先との信頼関係もでき，彼らとうまくコミュニケーションをとることで日々の仕事を乗り切っていった。

　当時は，丁寧に仕事を教えてくれない上司に不満もなかったわけではないが，仕事を任されて，自分で何とかせざるを得ない状況に追い込まれたことで，「自己完結型」の仕事を経験できたことが，あとで考えれば非常によかった。

社会人として，責任感をもって顧客と約束した納期にプロジェクトを間に合わせること，すなわちプロジェクトマネジメントの基礎をOJTで学ぶことができた。外注先のエンジニアと顧客の大手IT企業の間にはさまれ，両方の立場を理解したうえで，プロジェクトの品質，コスト，納期（QCD）を守るための交渉・調整を行えるようになった。

　また，営業部の仕事で得たスキルで今でも役に立っているのは，エクセルでマクロを組めるようになったことである。当時は，自分のプロジェクト業務を効率的に回す必要に迫られ，エクセルに強い先輩社員に教わりながら，試行錯誤しながら勉強した。現在，P社の経営企画担当として，サイト会員50万店舗，個人会員14万人の現状分析を行い，経営戦略を立案するために非常に役立っている。

社会人大学院への進学：経営全般を勉強するチャンスを得る

　新入社員から３年が経過した2005年，最初の転機が訪れた。もともと希望していなかった営業の仕事に夢中で取り組んできたが，やはり企画のような仕事をやらせてもらいたいと強く思うようになってきた。幸運だったことに，「社内異動できなければ，会社をやめることまで考えている」と，信頼していた先輩に相談したところ，その先輩も通っていた社会人大学院への進学を勧められた。「企画的な仕事をしたいなら，ここで勉強することが社内異動の条件である」と説明された。自分としても，経営に関する知識を体系的に勉強する好機と捉えた。

　会社も大田氏の大学院進学を認めてくれ，勤務時間が不規則になりがちな営業部門から経営企画部門に異動させてくれた。それと同時に，日本工業大学の社会人大学院「中小企業経営コース」に進学した。昼間は会社で仕事をした後，平日夜と土曜日に大学院に通う生活はとてもハードであったが，非常に多くのことを学ぶことができた。

　まず，それまでは自分で本を読む程度で部分的にしか理解していなかった経営の基本を，体系的に学ぶ機会がもてたことが良かった。その中でも「言語化

スキル」と「ライティングスキル」は，現在，経営企画担当として「発言・発信」するために，特に役立っている。

　また，人材管理の授業で，人材の「スキルとコンピテンシー」のフレームワークを学ぶ機会があり，経営の根幹である人材マネジメントを考えるうえで非常に役に立った。その頃ちょうど，自社でも人事制度を変更するプロジェクトがあり，そのプロジェクトメンバーにもアサインされた。会社では，成果責任評価を導入するため，ポジションごとの職務記述書を明確にし，評価・昇格基準にコンピテンシーモデルを設定した。この一連の制度改革を，自分の大学院の卒論としてまとめた。大学院で学びつつ，それを実践する機会がもてたことは非常に勉強になった。

　さらに，この新人事制度の内容について，社員向けに説明する役割も担うことになり，ものごとを深く理解して整理し，人に話す経験をもつことができた。20歳代半ばで，会社全体を俯瞰する人事制度について社内講師を務めたことは，大きな自信となった。

　自分のスキルやコンピテンシーを分析する授業では，担当教授から「あなたはコンピテンシーとしての“自信”が低い」「もっと率直にモノを言うほうがよい」と言われ，大きな気づきがあった。振り返ると，大田氏は高校時代にはバレーボールに打ち込みすぎて，勉強にはあまり時間をとらなかったこともあり，「こんなことを言ったら，間違っているんじゃないか」と思い，学校でも会社でも自信をもって発言することが苦手だった。

　この先生から「ビジネスの世界では，思ったことを口に出さないと存在価値がない」と言われ，その後，意識的に会議などで発言する努力をするようになった。これは，現在の仕事でも，「自分の考えを，自信をもって発信する」ためのマインドセットを変える好機であった。

ベンチャー企業への挑戦：経営の実践

　その後しばらくして，次の転機が訪れた。信頼する先輩が会社をやめて，カーシェアリングのベンチャー企業を立ち上げることになり，その会社に誘わ

れたのだ。2009年当時，カーシェアリングは黎明期であり，近い将来の市場成長が期待されていた。そのベンチャーのメインの出資者は，自分自身も成功したベンチャー起業家であった。

　ここでは，さまざまなチャレンジをしたが，結果的には，この会社自体は1年程度でクローズせざるを得なくなった。この時期，現在，カーシェアリングで最大手に成長したタイムズ（駐車場大手）が，マツダレンタカーを買収して本格的に参入してきていた。駐車場とレンタカー（カーシェア）のシナジーを追求できる巧みなビジネスモデルを構築しつつあり，なかなか勝ち目がなさそうということが結論づけられてしまった。

　しかし，ここでゼロから事業を立ち上げようとした経験は，現在のP社で新規事業を立ち上げる役割を担ううえで非常に役立っている。

P社の経営企画へ：成長企業のさらなる成長のために

　2010年，現在の株式会社P社の経営企画室に入社した。同社は，東証一部上場の成長企業であり，特に経営企画は花形部門で人気が高かった。大田氏はそれまでのIT企業，社会人大学院，ベンチャー企業での経験を高く評価してもらい，とてもうれしかった。

　P社での仕事は，経営管理（数十万店の店舗会員と1,000万人以上の個人会員，1,500人の社員に関する数字の経営的指標の分析と管理），中期経営計画の策定，新規事業への参入と幅広い。これはまさに自分がやりたかった仕事であり，大きなやりがいを感じている。

　P社は，直接モノづくりをしているわけではないが，経営に役立つ情報サービスを提供することで，モノづくりを支援している実感がある。また，P社の企業理念にも，大いに共感している。

　今は，個人の成長よりも，むしろ会社の成長に関心が移っている。一昨年，P社の中期計画をつくったとき，現在の売上高数百億円のケタを変える，すなわち売上1,000億円に挑戦していきたいと強く思った。また，社員の活性化についても，新しい制度を導入することなどで貢献していきたい。大枠の目標管

理制度はできているが，若い社員が，一層活き活きと働ける仕掛けをつくっていきたい。

30代，40代の方へのアドバイス：「自分のため」に何でも一生懸命に

　改めて，15年あまりの社会人生活を振り返ると，無駄に思える仕事でも「いつか役に立つ日がくる」と感じている。後輩には，つまらないと感じる仕事においても「自分なりの目標」を見つけて，「自分のため」だと思って一生懸命にやることを指導している。

　また，若いうちに，ビジネスパーソンとして求められる基本スキルにはどのようなものがあるのかを知り，その中で自分に必要なものを身につけていくことが大切である。例えば，自分が学んだような「経営の汎用スキル」は，その後のビジネス生活で大きな武器になる。できるだけ若いときに学ぶほうが実践する期間が長くなるので，早ければ早いほどよいと思う。

編集ノート

・大田氏は，学生時代から，「戦略を考えること」と「人の心の動き」に興味があった。それに加えて，社会人大学院で「経営戦略」と「人材マネジメント」を体系的に学び，それを社会人で実践してきたことが，今の人気企業の経営企画での活躍につながっている。
・大田氏の現在の趣味は，ルアーフィッシング。会社でもサークルをつくって，仲間と一緒にブラックバス釣りを楽しんでいるという。また，3人のお子さんに恵まれ，奥さんもフルタイム勤務なので，育児にも積極的に参加しているとのこと。オンとオフを上手に両立されて，今後，ますますご活躍されると思われる。

事例16　複数のベンチャーで，プロティアンキャリアを追求——久保寺正氏

　久保寺正氏（仮名）は，自動車メーカーからコンサルティング会社を経て，

次々といくつかのベンチャー企業の経営に携わってこられた。ベンチャー企業の事業領域は，インターネットビジネス，ソフトウェア，デジタルコンテンツ，エネルギー関連と，実に幅広い。

キャリアデザインの専門用語に，「プロティアン・キャリア」という言葉がある。これは米国の心理学者ダグラス・ホールが提唱したキャリア理論で，「環境の変化に応じて，自分自身を変化させていく柔軟なキャリア形成」のことを指す。ギリシャ神話に出てくる，自分の姿を思いのままに変化させられる神プロテウスが語源で，「変幻自在なキャリア」あるいは「多方面のキャリア」と訳される。

プロティアン・キャリアの概念自体は必ずしも新しくはないが，日本ではそれほど重要視されてこなかった。しかし，2019年に法政大学キャリアデザイン学部の田中研之輔教授が『プロティアン〜70歳まで第一線で働き続ける最強のキャリア資本術』（日経BP，2019年）を著し，ようやく日本でも話題になってきた。現在50代の久保寺氏のキャリアストーリーは，最先端の事例として，それに続く世代の方々の参考になると思われる。

少年時代から大学まで：自然科学に興味のある優等生

久保寺氏は，1960年代後半に群馬県で生まれた。父はエレクトロニクスメーカーに勤務していたこともあり，自然科学の本が好きな優等生であった。

地元の公立中学に通ったが，高校では親から自立したくなり，東京都内にある私立高校に進学した。そこでは，一足先に大学生のように自立する生活を満喫した。夜間外出は禁止されていたが，友人たちとオールナイト映画を見るようなこともあった。しかし，勉強も手を抜かず，東京大学法学部に合格することができた。

大学では，遊び中心のサークルに所属し，特に専門的な勉強に力を入れることはなかった。就職を考える際には，日本の基幹産業はエレクトロニクスと自動車だと思い，父がエレクトロニクスメーカー勤務だったので，それとは違う道で，自動車メーカーを志望した。いくつかの選択肢から，OB訪問で自分の

希望に近い仕事ができそうな，雰囲気の良い会社に決めた。

自動車メーカーに就職：社内システムエンジニアから，経営学大学院へ

　世の中がバブル景気の頃，自動車メーカーに入社した。久保寺氏は，情報システム部門に配属になり，社内の経理システムの開発を担当した。法学部出身ではあったが，法務や営業よりも，社内のシステムエンジニア職は希望に叶っていた。

　システム開発の仕事は楽しかったが，バブル経済が終わり，会社の雲行きが怪しくなってきた。久保寺氏は，海外留学を希望し社内選考にも合格していたが，会社は留学制度を凍結してしまった。

　入社4年目に，最初の転機が訪れた。勤務する自動車メーカーが通信会社との合弁会社を設立し，そこで新しい通信事業向けの基幹システム設計を担当することになったのだ。約1年，その合弁会社で勤務したことは，のちに新事業に次々とチャレンジするための最初の経験となった。

　しかし，もともとは海外MBAに留学したかったこともあり，自動車メーカーを退社し，国内の経営学大学院に進むことにした。

ベンチャー企業へチャレンジ：世の中を変えるようなビジョンに共感

　経営学大学院でMBAを取得し，外資系の経営コンサルティング会社に入社した。そこでは，製造業や通信業の大手企業の経営戦略策定を支援し，忙しくも充実した日々を送った。数々のプロジェクトを通じて，戦略的な思考，スピード感，プロ意識などを身につけることができた。

　コンサルティング会社で4年を経過した頃，ビジネススクール時代の友人から米国のe-コマースベンチャーの日本法人立上げの仕事を紹介された。ちょうど，コンサルタントとしては一通りの仕事を経験した満足感があったことと，「インターネットで，世の中を変える」というビジョンに共感したため，そのベンチャー企業に参画することに決めた。

　そのe-コマースベンチャーは，結局，既存チャネルの抵抗に合い，うまく

立ち上がらなかった。しかし，久保寺氏はベンチャー企業で，「世の中を変えるかもしれない」ということで，多くのメディアにも取り上げられるようなチャレンジができたことに満足していた。ベンチャー企業では，「走りながら考える」ことが大切で，コンサルティング会社以上にスピードが要求され，仕事量も膨大であるが，仕事を通じて得られる満足感も大きいことを実感した。

　次に久保寺氏は，当時，脚光を浴びた携帯電話（ｉモード）向けのソフトウェア開発ベンチャーに携わった。ここでは，製品は開発できたが，タイミング悪くインターネットバブルがはじけたため，事業は継続できなかった。

　その後も久保寺氏は，大手資本のベンチャー投資ファンドを経て，複数のベンチャー企業でチャレンジを継続している。3社目のベンチャーは電子出版で，既存の雑誌をタブレット端末やスマートフォンに配信する事業に取り組んだ。4社目は海外の太陽光発電ディベロッパーの日本法人立上げ，その次は電力小売り。現在は，人工知能関連のベンチャーの役員のかたわら，他のベンチャー企業の非常勤役員も務めている。

30代，40代の方へのアドバイス：その事業に魅力を感じていることが重要

　ベンチャー企業で働くうえで必要なことは，フットワークの軽さとストレス耐性である。一般的に仕事量が多いので，柔軟な姿勢で次々と業務をこなす必要がある。また，当然ながらうまくいかないことも多いので，すぐに落ち込んでいたら仕事にならない。

　人材を採用する立場からの視点としては，ビジョンとスキルのバランスが重要だと考える。その人のビジョン，すなわち「ベンチャー企業で成し遂げたいこと」が明確でないと，単に忙しい中小企業で働いているような気持ちになってしまい，うまくいかない。しかし，ビジョンや思い入れがあるだけではダメで，実践的なスキルも併せもつ必要がある。

　ベンチャー企業にチャレンジするには，遅くても30歳代半ばまでが良いと思う。スピード感や自分で判断する習慣をもつには，そのくらいの年齢が適している。ただし，40歳代でも，それまでに社内の新規事業などを経験していれば

フィットする場合もある。

　IPOで一攫千金を狙うようなインセンティブを期待しすぎると，それが実現できる確率は高くないので，途中で辛くなってしまう。その事業自体に魅力を感じ，事業が成長する中で自分が成長できることが，ベンチャー企業にチャレンジすることの面白さであろう。

編集ノート 🖊

・プロティアンキャリアでは，キャリアは組織によってではなく，個人によって形成されるものであり，変化する環境に対して自らの欲求に応じて方向転換し，「個人の心理的成功を目指す」と考える。久保寺氏のキャリア形成は，まさに新しいことへの興味を通じて仕事の満足感を追求した結果，プロティアンのお手本となったと見受けられる。

・最近は，久保寺氏のような一流大学の学生が，早い時期からベンチャー企業を立ち上げる例も増えている。チャレンジ精神のある若者が，何度失敗してもチャレンジし続けられるような社会になるよう，筆者も応援していきたい。

第9章

独立・起業を実現

> 第9章では，大手企業でキャリアを積んだ後，独立・起業を実現した
> 方々をご紹介する。
> 　事例17：和田一男氏　　「営業コンサルタントとして独立」
> 　事例18：佐藤誠一郎氏　「大手IT企業から中小企業診断士へ」
> 　事例19：森本千賀子氏　「転職エージェントとして独立」
> 　事例20：堀部伸二氏　　「ソニーから独立，キャリア教育NPO立上げ」
> 　大手企業からの独立・起業には相応のリスクがあると考えられるが，こ
> こでご紹介する4名の方々は，それまでの実績と専門性をベースに着実に
> 成功を重ねられている。

事例17　営業コンサルタントとして独立―和田一男氏

　和田一男氏は，株式会社リクルートのトップ営業として15年を過ごした後，組織改革・営業改革コンサルタントとして独立した。2000年に株式会社ブレインパートナーを設立し，代表取締役に就任。約20年にわたり，企業の営業力強化や人材育成のセミナーやコンサルティングを行っている。

　自らの営業経験に基づく実践的なコンサルティングに定評があり，『30歳からの営業力の鍛え方』（かんき出版，2006年），『小さな会社こそが実行すべきドラッカー経営戦略』（明日香出版社，2012年）などの著作もある。和田氏のセミナー参加者は，エネルギーレベルが上がり，「今日からまた頑張ろう」という気持ちにさせられるという。

　株式会社リクルートは，若い時期から将来のキャリアを考えさせる企業としてよく知られる。和田氏は，その中でも独立して成功している数少ないケースである。将来，独立を考える読者にとって，示唆のある言葉もたくさんいただ

くことができた。

少年時代から大学まで：サッカーから多くのことを学ぶ

　和田氏は，1961年，北海道小樽市で生まれ，大学卒業まで小樽で育った。子どもの頃から活発なリーダータイプで，小学校では児童会長，中学校では生徒会長を務めた。

　小学校3年で始めたサッカーが，和田氏の原点であるという。サッカーは中学，高校と続け，小樽商科大学では体育会サッカー部で主将を務めた。サッカーを通じて，組織や戦術，リーダーシップなどについて多くのことを学んだ。

　フォワードとして自分が点をとるだけでなく，勝つためにどのような練習をするか，チームのモチベーションをどのように上げるか，試合に出られないメンバーをどのようにケアするかなど，企業でのマネジメントにもつながる経験をすることができた。ちなみに，和田氏は，44歳まで社会人チームで東京都リーグの試合に出ていた。また，小樽商大サッカー部のOB会長も務めており，今でもサッカーとの関わりは強い。

　サッカー中心の学生生活を送り，就職活動はあまり熱心にやらなかったが，サッカー部OBを通じて大手総合商社や大手メーカー数社に内定をもらった。大手総合商社に決めようとしていたところ，リクルートの人事担当者に会い，「大手総合商社では20年で経験することを，リクルートでは10年で経験できる」と口説かれ，実力主義で，若くても活躍できそうな社風に惹かれ，入社を決めた。

リクルートに入社：教育機関向けの営業活動でトップに

　1985年春，株式会社リクルートに入社した。配属は，大学や専門学校などの教育機関向けの広報営業部門である。ここで和田氏は，入社後すぐ，運も良く全国トップ営業で表彰された。

　最初にトップ営業として目立ってしまったため，それを維持するために人並み以上に努力を継続した。もともと負けず嫌いで，サッカーに比べれば，営業

活動での苦しさはそれほど辛いとは思わなかった。結果として，この事業部門では7年間ずっとトップ営業を続けた。

　当時のリクルートは，2,200人の会社に，同期で新卒が500人入社し，翌年は650人が入ってくるような超成長企業であった。そのため，2年目から後輩の指導をして，3年目に部下がつき，6年目には課長になるような経験ができた。

人材総合サービス部門へ異動：異なるビジネスでの挫折と学び

　入社後7年を経過し，当時のリクルート社で最も大きな事業部であった人材総合サービスへ異動となった。教育機関向けの営業でずっとトップを走ってきたため，自分に自信があったが，新しいビジネスでは思ったように結果が出ず，約2年間つらい時期を過ごした。

　違う事業部ではこれまでの知識や経験が活きず，成果が出ないので，部下もついてこない。今思うと，これは非常に良い経験になった。目標を達成できない人たちの痛みがわかるようになった。また，当時のリクルート社が，採用支援中心から人事研修・人材派遣・人事制度改革支援などにシフトしていたので，経営全般について学ぶ機会が多くなり，のちに独立したときに役立つことになった。

　どん底の2年を経て，3年目からは目標を達成できるようになり，4年目には1,300人の事業部のトップになり，年間最優秀マネージャー賞を受賞した。この受賞条件は，業績のみでなく，新しい価値の創造，つまり新しい事業活動の提案，価値を高める仕組みづくり，周囲への影響力などが総合評価される。そこでトップになったことは非常にうれしく，自信を取り戻すことができた。

独立を決意：営業コンサルタントとして中小企業を支援

　2000年，39歳のとき，中小企業経営者を支援する専門家の道を選ぶことを決意し，独立した。実はその2年前，37歳の頃に独立を考え始めた。当時，すでに8年間のマネージャー経験があり，そのうち2回は年間最優秀マネージャー賞を受賞したことで，達成感があった。部長にも同期トップクラスで昇進した

が，部長は部門間の調整的な仕事が多く，営業現場から遠くなることを感じた。

　独立を意識した頃，自ら希望して，販売子会社に異動させてもらった。ここで多くの部下をもち，「経営」を経験できたことは独立後の財産になった。

　独立したとき，リクルートやその顧客から仕事をもらうことは避けたかったので，リクルートOB，大学OB，高校OBなどに，独立のご挨拶と営業活動を行った。すると幸いなことに，営業研修やマネジメント研修で仕事を受注することができた。

　2008年のリーマンショックまでは右肩上がりに業績が上がり，売上5,000万円を超えるまでになった。顧客は，知人からの紹介や勉強会などで知り合った中小企業の経営者が多く，あまり営業活動で苦労したことはなかった。

　しかし，リーマンショックで多くの企業が研修やコンサルティング費用を大きく削減したため，売上は半分以下になり，たいへんな時期を経験した。その後，順調に売上は回復し，現在に至っている。今では独立して20年近くが経過し，58歳になるので，そろそろ適切な人への事業承継を考え始めている。

30代，40代の方へのアドバイス：独立は30代までがお勧め

　もし個人コンサルタントとして独立を考えるなら，30代後半までに実行するほうが良い。なぜなら，個人コンサルの場合，中小企業で将来を真剣に考えている30代から40代の社長が顧客になることが多い。一般的に，社長は年下のコンサルタントのほうが相談しやすいので，社長に近い年齢が有利になる。40代前半までの社長とお付き合いし始めると，長い期間，良い関係が築ける。50代になってから，年下の社長と親しくなるのはたいへんである。

　また，いろいろな勉強会に参加することがお勧めである。自分の場合，インディペンデントコントラクター協会（個人で事業を行う人の勉強会），ドラッカー学会に所属するとともに，若手経営者の勉強会を主催した。

　コンサルタント的な仕事で独立を考えるとき，3つの要素があると思う。まず「ソリューション力」，これは業務力，納品できる力である。次に「販売力」，これは仕事をつくる力，紹介してもらえる力，すなわちネットワーク（人脈）

である。これに加えて「ブランド力」，すなわち信頼してもらえることが必要
である。

　どの領域でも「ソリューション力」がある人は大勢いるので，「販売力」と
「ブランド力」が重要である。販売力については，自分のネットワークを広げ
ることやホームページを充実させることが大切だと思う。ブランド力について
は，本の出版やセミナーを開催することもよいが，どこかの団体に所属するこ
とで信頼してもらうのが早いかもしれない。

編集ノート 🖊

- リクルート時代の和田氏は，まさにトップ営業マンを突っ走った。トップ営業としての自信と経験，マネージャーとして経営者の立場を理解したことが，個人コンサルタントとして成功するためのベースとなった。
- 和田氏は，営業の成果は「量×質×やる気」であるという。その理論は，とても科学的である。ドラッカー学会に入り，経営者勉強会を主催するなど，自ら学び続けることが，独立コンサルタントとして顧客に信頼され続けるために最も重要であると言う。
- 独立コンサルタントとして成功したいなら，30代のうちが良い。顧客である中小企業の社長と親しくなるには，自分が年下のほうが相談してもらいやすく，長期的な関係を維持しやすいというアドバイスは，非常に説得力がある。

事例18　大手メーカーから中小企業診断士へ─佐藤誠一郎氏

　佐藤誠一郎氏は，株式会社リコーに23年間勤務した後，49歳で中小企業診断
士として独立した。現在56歳の佐藤氏は，独立から約6年が経ち，複数企業で
役員を務めるなど，活動が軌道に乗ってきておられる。

　安定した優良企業に勤務しながら，なぜ中小企業診断士の資格を取ろうとし
たのか，なぜ独立したのかは，セカンドキャリアを考え始める多くの方のヒン
トになると思われる。

少年時代から大学まで：コンピュータサイエンスを専攻

　佐藤氏は，道路公団で高速道路を建設していた父親の仕事の関係で，日本各地の4つの小学校に転校した。そのためか，1つの学校で大勢の友人をつくることはできなかったが，数名の友人と深く関わる子どもであった。みんなと一緒に身体を動かすのは好きで，中学ではソフトテニス部，高校では陸上部に所属した。

　大学受験では，研究職にあこがれ，物理系の大学を受験したが，残念ながら不合格だった。そのため，2次募集を行っていた地方の国立大学の計算科学科に入学した。計算科学科は，のちにコンピュータサイエンス学科に改称され，時代の最先端領域であった。初めから最先端を目指したわけではなく，たまたま入学した大学に当時の日本最高レベルの先生がそろっていた印象で，あとで考えれば幸運だったかもしれない。

　また，大学では，オーケストラに所属し，副団長を務めた。オーケストラは社会人になっても続け，現在でも趣味として楽器演奏を続けている。

若手社会人時代：システムエンジニアとして活躍

　1988年に修士課程を卒業し，株式会社リコーに入社した。同社がソフトウェア関連の研究所を立ち上げる計画があり，当時はまだ多くなかったコンピュータサイエンスの学生を募集していたため，大学経由で声がかかり，入社を決めた。

　入社後は，ソフトウェア研究所で，データベースソフトウェアの開発を担当した。当時のリコーは，オラクル社やシリコンバレーのIT企業に対抗し，日本発の基幹パッケージソフトを開発することを目指していた。しかし，この野心的なチャレンジは，バブル崩壊とともに，リコーの主要事業である「オフィス機器周辺ソフトウェアへの回帰」という現実路線への変更を余儀なくされた。

　約10年間，ソフトウェアの開発に携わった後，ソフトウェア研究所がソフトウェア事業部に改組され，パッケージソフトの開発・販売の担当になった。ここでは，文書管理システム，プリンター・FAXの複合機のシステム，経理の

帳票システム，プリンター周辺のソリューション開発など，多様な製品領域に携わった。

　また，企業の顧客だけではなく，ある大学へのシステム導入プロジェクトや医療施設へのカルテ管理システム導入プロジェクトなど，広範な顧客向けの仕事を経験した。この時期に多様な製品や顧客領域を経験できたことは，現在の中小企業診断士の仕事にも生きている。

中小企業診断士資格への挑戦：広範なビジネススキル獲得を目指して

　入社から約20年が経過した頃，営業に近いフィールドシステムエンジニアを担当していた。仕事は充実していたが，社内では後輩が課長に昇進するなど，会社内での将来に不安を感じ始めていた。そこで，これまでより広範なビジネススキルを身につけたいと考え，中小企業診断士を目指すことを決意した。

　まず夜間の専門予備校に週2日，1年間通ったが，容易に合格できるものではなかった。次に中小企業診断士を目指す人たちの勉強会を探し，週1回通った。新しい知識を得られることが楽しく，この時期は，大学受験以上に勉強した気がする。この勉強会での人的ネットワークは，独立後に，仕事を探すことや新分野の勉強をするうえでも有益であった。

　結局，44歳から48歳まで4年間勉強し，中小企業診断士の資格を取得することができた。中小企業診断士を目指したのは，あくまでも社内でのビジネススキルを向上させたかったためで，独立を考えていたわけではなかった。会社には，中小企業診断士の勉強をしていることは伝えていなかった。

中小企業診断士として独立：顧客と仕事の領域を拡大

　49歳のとき，中小企業診断士として独立することを決意した。きっかけは，リコーでの将来の不安感に加え，同社がこの時期に早期退職勧奨制度をつくり，自分は直接対象ではなかったが，会社への不信感のようなものが芽生えたことにあった。

　この頃，元リコーの先輩から，現在の会社に声をかけてもらうご縁があった。

株式会社オネストというITソフト開発の会社が，業容拡大を目指し，新規事業の役員を探していた。現在，佐藤氏は，人材採用と新規事業開発を担当する取締役として活躍している。

　また，佐藤氏は，株式会社ブランド・プロモーション戦略研究所の代表取締役社長として，中小企業診断士としての仕事にも従事している。例えば，千葉県のプロジェクトで，3年間，製造業の中小企業の連携（橋渡し）を行う企業コーディネーターを務めた。それ以外の仕事も，製造業の現場に関するコンサルティングが中心である。また，中堅建設企業の人事評価システムを構築するプロジェクトに参画するなど，さらに活躍の幅を広げている。

　現在の目標としては，株式会社オネストを，ITなどの広範なソリューション開発ができるような会社に進化させることに貢献したい。また，中小企業診断士として，さらに顧客と仕事の領域を広げていきたいと考えている。

30代，40代の方へのアドバイス：自分の将来へ準備する

　重要な基礎スキルの中での自分の強みは，論理的思考力，リスニングスキル，コミュニケーション力だと自己分析している。中小企業診断士としてコンサルティングを行うためには，クライアントからよく課題を聴いて，提案を可視化して提示していく必要がある。理系の勉強とシステムエンジニアとしての仕事を通じて，この基礎スキルを磨いてきた。

　また，現在の仕事を進めるうえでの強みは，システムエンジニアとして培われた「プロジェクトマネジメント力」と，リコーおよび中小企業診断士の勉強会などで学んだ「広範な製造業の知識」である。システムエンジニアは，さまざまな業務フロー，モノの流れ，ソリューションに関わるので，多くの領域に応用が利く。エンジニア系の方の参考になればと思う。

　全般的なアドバイスとしては，「目標は漠然としていて良いので，自分の将来に向けて，いつでも現職を辞められる準備をしておく」ことが大切だと考える。「キャリアの目標をもて」だと重いので，「将来のリスクヘッジのために何かの勉強をしていく」程度に，気楽に考えるのが良いと思う。

　自分は中小企業診断士資格をとったことで，人生が変わった。リコーを辞めることは，当初は考えていなかったが，人生の自由度が増えた。今は，以前より自分の仕事を楽しいと感じられている。この仕事であれば，定年を気にせず，65歳以降も働けそうなことも良い面だと考えている。

編集ノート ✏️

・大学進学は本命の学部ではなかったこと，たまたま入学したコンピュータサイエンスが当時の人気領域だったこと，ソフトウェア開発で入社したがバブル崩壊で現実路線に変更されたこと，独立しようとして中小企業診断士資格をとったわけではないこと，などを率直に振り返っていただいた。佐藤氏の場合も，中長期的キャリア目標を明確に設定したというよりは，日々の仕事と勉強を真摯に行う延長に，結果として今の自分があったと話しておられるのが印象的である。

・また，佐藤氏は謙虚な方なのであまりお話しされていなかったが，おそらく「ネットワーキング力（人脈づくり）」という強みもおもちである。独立すると，次の仕事を紹介してもらったり，新しい専門領域を広げたりするうえで，ネットワーキングが欠かせない。大企業にいるときには，自分ではあまり自覚がなかったようだが，佐藤氏はもともと対人理解力，関係構築力，チームワーク力などのコンピテンシーがあり，独立したことでこれらのコンピテンシーが活かせるようになったのかもしれない。

事例19　転職エージェントとして独立─森本千賀子氏

　森本千賀子氏は，株式会社リクルート人材センター（現リクルートキャリア）に入社。まだ日本では「転職」が一般的ではなかった頃から，先駆者として人材紹介市場の成長を牽引してきた。大手からベンチャーまで幅広い企業に対する人材戦略コンサルティング，採用支援サポート全般を手がけ，約3万人の転職希望者，3,000人の経営者と接点をもち，約2,000人の転職に関わってきた。

　2012年には，NHKの人気番組『プロフェッショナル　仕事の流儀』にも登

場した。『リクルートエージェントNo1営業ウーマンが教える　社長が欲しい「人財」！』（大和書房，2009年），『本気の転職パーフェクトガイド』（新星出版社，2013年）など，著書も多い。チャーミングな人柄で，多くの経営者層のファンをもつ日本を代表する人材コンサルタントである。

　2017年に，株式会社morichを設立し，パラレルキャリア（副業）を経てリクルートから独立。2人の子育てとのバランスを取りながら「自分ブランド」を確立している姿は，多くの女性にとってあこがれのロールモデルであろう。

少女時代から大学まで：東京にあこがれ，「人を輝かせる」楽しさを知る

　森本千賀子氏は，ご本人が言うには「滋賀県の田舎」で生まれ育った。実家は兼業農家で，父は起業家でもあった。近くの書店へも車で20分かかるという環境で，小学校の図書館で本を読むのが大好きだった。また，弟さんが難病で苦しんでいたため，「自分は弟のために何ができるのか」，さらには「誰かのため，社会のために自分は何ができるのか」を子どもの頃から考えていた。

　中学，高校ではソフトボール部に所属し，ピッチャーを務めた。厳しい部活で，毎日5km走り，炎天下で水も飲まずに練習する時代で，「気合いと根性」が身についた。また，母は「何でも一番になれ，一番になると見える景色が変わる」という教えだったので，スポーツも勉強も，両立してしっかりやっていた。

　大学進学にあたっては，「東京へのあこがれ」があり，最も得意だった英語を活かすため，関東の大学の英語学科を選んだ。上京する日，地元の駅に同級生や後輩たちが50人も見送りに来てくれて，とてもうれしかったことを覚えている。

　大学では，体育会ラグビー部のマネジャーになった。ちょうど，高校ラグビーがテーマの人気テレビ番組『スクールウォーズ』が流行った頃で，ラグビーへのあこがれがあった。ここで森本氏は，誰かのサポート役として「人を輝かせる」ことの楽しさを知った。

リクルートに入社：転職支援の法人営業として猛勉強

　1993年，リクルートグループの人材紹介部門である，株式会社リクルート人材センター（現リクルートキャリア）に入社した。就職活動では多くの会社の話を聞いたが，父が起業して中小企業を経営する中，ヒトの問題で苦労していたため，「中小企業を人材面で応援できる」同社に決めた。

　また，日本では終身雇用が当たり前の学生時代に，図書館で見つけた『スカウト』という米国の本を読み直感した。当時の日本では，転職がまだネガティブなイメージであったが，将来の日本では米国のように転職が一般的になることを予見し，人材紹介（転職支援）事業を志望した。同社では，女性の新人社員でも「法人営業」を任せてもらえることも魅力的であった。

　森本氏は，ブルーオーシャンでマイノリティな，多くの人がやらない「逆張り戦略」を実践してきた。大学で英語学科に入ったが，英語ができる人は星の数ほど存在し，英語だけで勝負していくのは難しいと感じたことがきっかけであった。そのため，就職ではあえて自分がやりたいことと希少価値になることを掛け合わせて，「中小企業の支援」「転職支援への関心」「法人営業」を軸にしたことが正解だったと考えている。

　入社後は，「一番になる」ことを目標にして頑張った。ところが，入社半年後に出会ったある社長さんが，「今このままいくと，すぐに天井を迎えるよ。もっと経営の勉強をしないと成長が止まる」と言って，ビジネス書を20冊送ってくれた。少し自信過剰になっていたことを反省し，ここから専門学校にも通い，いつもビジネス書を持ち歩きながらインプットに努めた。ここで経営について多面的に理解したことで，多くの経営者から信頼していただくベースを築くことができた。

転職エージェントを極め，独立：常に「セルフ・ブランディング」を意識

　結婚，二度の出産を経ても，リクルート社内でトップ営業を走り続けた。夫は子育てに協力的だったこともあり，マネジメントとしてのチャレンジも継続できた。ただ，第二子誕生のタイミングで，夫が出張族として平日はほぼ自宅

を留守にせざるをえない部署に異動になった。そこで，自分は部下をもつマネジャーとしての立場から，もう一度1人の人材コンサルタントとして現場に戻る決断をしたこともあった。仕事と家庭の両立に試行錯誤しながら，自分の価値が発揮できるカタチをつくり出していった。

　2012年，NHKの人気番組『プロフェッショナル　仕事の流儀』に出演した。これは，森本氏を知るプロデューサーからの指名で，45分間，彼女の仕事ぶりを紹介する番組への反響はとても大きかった。また，ちょうどその頃から始めたライフワークに火が付き，転職支援の仕事だけでなく，本の出版や講演の依頼も増え，仕事の幅が広がった。

　リクルート社では，新人の頃から「リクルートの看板で仕事をするな，むしろ看板を利用しろ」と言われるカルチャーがあり，自分を特徴づける「セルフ・ブランディング」を考えてきた。その結果，現在は，転職エージェントを核に，全方位でお客様の課題に向き合いながらソリューションしていく「オールラウンダーエージェント」を掲げている。

　2017年，25年間勤務したリクルートを退社し，もともと兼業として立ち上げていた株式会社morich（モリチ）のミッションにフォーカスした。ブランドビジョンは，「困ったときのモリチ」である。

30代，40代の方へのアドバイス：自分の可能性を広げ，市場価値を認識する

　野村総研とオックスフォード大学の共同調査では，近い将来，49％の仕事がAIやロボットに代替される可能性があるという。最も創造力が必要そうな「デザイナー」の仕事でさえ，AI化が進むと，数百時間かかっていた業務が十数秒で出来上がるなど，多くの部分が機械に置き換え可能となる。

　そのため個人は，目の前の仕事だけに固執することなく，多様なキャリアを身につける機会をもつことが重要になってくる。自らに「タグ（キーワード）」をたくさんつけることで，可能性を広げ，その中から価値あるものを追求していく。自分の場合，タグは常に30個くらいつけて，領域を広げることを実践している。例えば，転職エージェント，ビジネスマッチング，スタートアップ支

援，女性活躍，組織・人材開発，営業支援，NPO関連，地域創生，ママコミュニティ関連，などである。

人生100年時代には，60歳で定年というわけにはいかなくなる。また，AIが進化した先には，場合によっては目の前の仕事に"人"が介在する必要がなくなるかもしれない。したがって，いつも自分のキャリアの選択肢を広げておくことが重要だ。そして，いつ何時も目の前の業務から別のミッションへ移行する必要がでてきたときには，選択できる多様なキャリアがあること，そして躊躇なくそのミッションに変われるマインドセットをもっておくことが大事だ。変化ある未来に備えるためにも，変化対応力を標準装備しておく必要がある。

スタンフォード大学のクランボルツ教授が提唱した「計画的偶発性理論」では，「キャリアの8割は予想しない偶発的なことによって決定される」という。その偶然を意図的・計画的にステップアップの機会へと変えていくことが重要になる。そこで必要なスキルが「好奇心」「継続性」「柔軟性」「楽観性」「冒険心」だ。そのスキルを身につける努力をしながら，自らのキャリア（人生）を計画的にステップアップさせていくことが大切だと思っている。

女性へのアドバイス：すべてを手に入れるキャリア（人生）を目指してほしい

すでに，女性が結婚か仕事のどちらかを選択する時代ではない。人生100年時代を迎え，女性も働き続けることが当たり前，むしろ「働き続けなければいけない」時代となった。長い人生では，夫が病気になったり，リストラされたりするリスクもある。また，女性も働いていれば，仕事のやりがいを得られ，離婚する自由や，子どもを海外留学させるといった教育の選択の機会も得られる。

そして何より，どのみち1日のうちの3分の1は仕事に時間を費やし，自分のエネルギーを投資するのであれば，その時間を自分のキャリアアップや価値向上につながる機会としてほしい。子どもがいるからできないなんてことはない。

今では，多様なサービスが出てきて，女性のキャリアアップの機会を支援し

てくれている。自分も，夫が出張の多い仕事のため，2人の男子の子育てには
いろいろな工夫をしてきた。男性の誰もが，良いイクメンになれるわけでもな
い。夫に期待しすぎてストレスをお互いに溜めるよりも，シッターやサービス
会社を利用してアウトソースを考えるのも一案である。行政も企業も後押しし
てくれ，自らのやりたいWillを実現できる社会となった今，すべてを手に入れ
る欲張りなキャリア（人生）をつかみとってほしい。

編集ノート 🖊

・森本氏の言う「逆張り戦略」は，キャリアプランを考えるうえでとても有効
であろう。今回のインタビューでも，「あまり人がやらないことをやって，成
功した」という方が何人かいらっしゃった。また，クランボルツの計画的偶
発性理論（58ページ参照）は，キャリア開発では有名な理論であるが，非常
に多くの「成功者」を知っている森本氏が話されると，とても説得力がある。
・森本氏は，「人に勧められたことを，まずやってみることにしている」と言う。
新人の頃，ある顧客からビジネス書を読むことを勧められ，それを実行した
ことで現在の成功につながった。しかし，誰かに言われたことを実行・継続
することは，簡単なことではない。その素直さと実行力が，森本氏の成功要
因の1つではないかと感じた。

事例20　ソニーから独立，キャリア教育NPO立上げ―堀部伸二氏

堀部伸二氏は，ソニー株式会社でデザイン・広告宣伝関係の仕事に長く携わ
り，2006年にソニーを49歳で退社し，デザイン宣伝関係の会社を設立。2009年
には，高校生にキャリア教育事業を行う特定非営利活動法人（NPO）「16歳の
仕事塾」を設立し，理事長に就任した。

「16歳の仕事塾」の活動は，ソニーの広告宣伝部門に在職中に「大人の仕事
を高校生に紹介することで，高校生の仕事観が大きく変わり，成長を促す」と
いう体験から発案された。現在では，300名以上の社会人講師の協力を得て，

年間約120校でキャリア教育の授業を展開している。高校生向けキャリア教育支援のNPOでは，国内で最も成功している組織の１つであろう。

　堀部氏は，10年にわたるキャリア教育の実績を認められ，東京都生涯学習審議会委員にも任命されている。また，「16歳の仕事塾」では，堀部氏の奥様（堀部紀子氏）も事務局長として活動している。60歳を過ぎ，夫婦で仲良く協力しながら，大勢の高校生の成長に貢献する仕事をしているというのは，多くのシニア世代の方にとって理想的なロールモデルの１つではないだろうか。

少年時代から大学まで：スポーツ少年が美術の才能を評価される

　堀部伸二氏は，1957年に徳島県で生まれた。実家は材木関連の商売で，家族以外にも社員や取引先の人たちが自宅で食卓を囲むような家庭だった。子どもの頃，大勢の大人から，いろいろな仕事や社会の話を聞きながら育ったという体験が，今のNPO活動にもつながっているのかもしれない。

　小学校では，野球をはじめとするスポーツが大好きで，勉強もできる活発な少年だった。自分の才能に気づいたのは，中学１年の写生大会で，全校で一番になったときである。美術の先生から高く評価され，美術高校への進学を勧められたが，高校の段階では，まだ具体的な進路を決めたくなかったので，県立池田高校の理数科に進んだ。

　池田高校は進学校でありながらスポーツも盛んで，堀部氏はハンドボール部に入部し，熱中した。高校２年では四国大会で優勝し，インターハイ出場も果たした。ちなみに，同学年の野球部は，蔦文也監督のもと，11名の少人数ながら甲子園大会で春に準優勝を果たした「さわやかイレブン」であった。甲子園に応援に行く機会もあり，楽しい高校時代だった。

　大学進学を考える頃，自分はやはり美術をやりたいと考え，絵の勉強を始めた。その結果，武蔵野美術大学に入学し，グラフィックデザインを専攻した。大学では，特に理論的背景のあるデザインが好きで，サインシステム（公共施設などの案内標識などのデザイン）やピクトグラフィー（データ情報を視覚的に現す技法）などを中心に勉強した。

デザイン会社に就職：2つの会社経験でメーカーのデザイン部門に興味

　美術大学を卒業し、デザイン会社に入社した。オモチャや小型家電製品のモックアップ（模型）をつくる会社で、パッケージデザインを手がけた。しかし、あまり仕事が多くなかったことと、職人肌の人が多く、仕事の進め方も合わなかったため、1年あまりで退社し、実家に戻ってしまった。

　実家では、雑木を伐採する職人さんたちと一緒に山仕事をしつつ、将来を考えた。あれこれ考えたが、約1ヵ月後、また東京に戻ることを決意し、大学の先生に相談した。すると、幸運なことに、その先生が経営するデザイン会社への入社を勧めてくれた。

　そこは、食品スーパー「明治屋」の宣伝部が分社した会社で、主に食品やエレクトロニクス製品のパッケージデザインを手がけた。この会社での仕事は、やりがいがあって楽しかった。また、そこで同じくデザイナーとして入社してきた、今の妻に出会った。5年間勤務したが、28歳で結婚を決めたとき、次のステップに進むべく退社することを決めた。

　選択肢としては、メーカーのデザイン部門、広告代理店、独立を考えた。再び大学の教授に相談したところ、タイミング良くソニーのデザイン部門を紹介してくれた。ちょうどソニーがデザイナーを公募する前に、その教授に卒業生で誰か良い人はいないかと打診していたようだ。

ソニーに転職：デザイナー、プロジェクトマネジャーとして活躍

　1985年に入社した当時のソニーは、コンパクトディスクに力を入れ、グローバル化を進展させている時代だった。堀部氏は、デザインセンターCI（コーポレートアイデンティティー）グループに配属された。CIマニュアルを作成し、それを基に関連各グループ会社や各工場にCIデザインの導入を推進した。

　例えば、東南アジアの工場の外壁や看板のサイン、名刺、封筒などのデザインが、CIに沿うように指導する仕事を担当した。ソニーは自由闊達な社風で、海外工場を飛び回る機会も多かった。「ソニーらしさ」を追求し、ソニーブランドの確立に貢献するということに、大いにやりがいを感じた。

その後，広告宣伝部に異動。そこでは，イベントやショールームの企画運営を担当した。印象に残っているのはROBODEX（ロボット業界のイベント）で，ソニー，ホンダ，NEC，大学などが集う中，イベント全体の事務局を担当したことである。また，北京とお台場の子ども向け体験型科学館ソニー・エクスプローラー・サイエンスの設立を担当した。

CIおよび広告宣伝部門でソニーのブランディングに携わり，「ターゲットを絞り，高品質を追求すること」が高い評価を得る王道であることを実感した。また，プロジェクトマネジメント，イベント企画運営のスキルを得たことが，現在のNPOの成功につながっている。

その後，ショールーム"Sony Media World"の館長に就任した。ソニーのVIP顧客向けの製品紹介を行う展示場の責任者である。ショールームにはロボットをはじめとする最新の技術や製品が展示されていた。そこで毎年開催される社員の家族・知人向けの日に，高校生数名を招待したところ，1人の高校生が食い入るように新製品を見つめ，将来を考える良いきっかけになったと話してくれた。これが後に，高校生のキャリア教育NPOを立ち上げる発想の原点になった。

独立を決意：デザイン会社設立，そしてNPO設立へ

2006年，49歳のとき，20年勤務したソニーを退社し，H.B.コミュニケーションズを設立した。デザイン・宣伝を請け負う会社で，ソニーからの仕事も受託した。もともと，デザイナーとしていつかは独立したいと考えていたが，希望退職制度が導入されたことなどで背中を押された。

その後，2009年にNPO「16歳の仕事塾」を立上げた。ソニーのショールームでの経験をいつかは活かしたいと漠然と考えていたが，堀部氏自身はキャリア教育に特に興味があるわけではなかった。むしろ，妻がキャリア教育関連の団体に関わっており，2人で話すうちにNPOの概要が固まっていった。ちょうど，2008年のリーマンショックでデザイン関連の仕事が大きく減ったこともあり，NPOの仕事に注力することになっていった。

　現在では，デザイン関連よりNPOの仕事が主な活動になっている。妻が事務局長として経理・内部管理を担当し，堀部氏が代表として対外的な活動と全体統括を担当している。ご夫婦を中心に，数名の理事やスタッフと協力し，年間約130回のキャリア教育の授業を運営し，今年で10年を迎える。「16歳の仕事塾」としてのブランドと実績が確立されているため，東京都の事業も受託している。収入と支出のバランスが良く，事業としても成功しているNPOである。

30代，40代の方へのアドバイス：ライフプランと挑戦のバランスをとる

　2つのアドバイスがある。まず1点目は「お金について」である。30〜40代の頃から，ライフプランとして収入と支出のだいたいの見込みがどうなっていくか，考えておくと良い。例えば，働いて得る収入や年金などを加えた生涯収入および貯蓄，そして生涯支出はどの程度か，といった大枠のことでよい。将来のお金のプランをあまり考えずに独立して，60歳過ぎに困る人の例も見ているため，若い頃からある程度考えておくことをお勧めする。

　2点目は，「挑戦する」ことである。アメリカの老人ホームでのアンケートで，「今までのあなたの人生で後悔することは何か」という質問に対して，約80％の人が「挑戦しなかったことだ」と答えたという。自分がその立場だとして，同じ言葉は発したくない。日本人は安定志向かもしれないが，挑戦しないで老後に後悔するよりも，転職や独立などのキャリアチェンジに挑戦することを考えてもよい。つまり，将来の生活を予測しつつ，挑戦するというバランス感覚が大切なのではないだろうか。

　セカンドキャリアでNPO設立を考える方には，「志」＋「事業プラン」が必要と伝えたい。何かを成し遂げたい「志」がないと，多くの人を巻き込めない。収入と支出の見通しを立てる「事業プラン」をつくることで，具体的な目標が明確になり，持続可能な事業にすることができる。

　最後に現在，人生を振り返ると，クランボルツの「計画的偶発性理論（プランド・ハップンスタンス理論）」に共感する点が多い。中学の先生の勧めがきっかけでデザイナーになったこと，大学教授がたまたまソニーを紹介してく

れたこと，妻がキャリア教育に興味があったのでNPOを設立したことなど，偶然の出会いが大切であることを改めて感じる。

編集ノート

- NPO「16歳の仕事塾」は，堀部氏のソニーなどでのビジネス経験が活かされている点が，他の多くのNPOとの違いである。「16歳の高校生」を明確なターゲットにして，「場所は学校」と定め，「高品質な授業」を維持するため，高いレベルの多彩な社会人講師を集めやすい「東京近郊」にエリアを絞っている。そのため，ブランドが構築でき，行政からの受託事業が多く，事業として安定する好循環となっている。多くのNPOは，長く活動しているうちに，場所を借りて独自イベントを開催したり，事業領域や活動エリアを広げて財政的に厳しくなることが多い。NPO運営面で，仕事塾に学ぶ点は多い。
- 奥様とご一緒にセカンドキャリアを築かれているのが素晴らしい。堀部氏は，「妻が働いていた頃，私以上にデザイナーとしての才能や仕事力があるのを認めていた。でも，2人目の子どもができたとき，仕事をやめることになり，申し訳ない気持ちがあった。だから，セカンドキャリアは，妻と一緒にやることを決めていた」と言う。いつもお2人で楽しそうに仕事をされている。セカンドキャリアの理想型の1つだと思う。

補 論

充実した人生後半キャリアのために

1 先行事例にみるキャリアチェンジのポイント

　第Ⅱ部では，20名の先行事例をご紹介した。ここで改めて，各事例からの学びをまとめてみよう。以下はそれぞれの方の，①主な転機，②キャリアチェンジを可能にしたトランスファラブルスキル，③読者へのアドバイス，の3点である。

＜新卒入社企業で50歳以上まで継続＞

事例1：岩本紳吾氏　国内製薬企業から外資系製薬企業社長へ
① 国内営業から国際事業部への異動（43歳），外資系企業へ転職（54歳）
② 営業チームを牽引するリーダーシップ，結果へのこだわり，精神的タフさ
③ 誰にも負けないことを1つつくる。得意なこと以外にもチャレンジすることも必要

事例2：木村勝氏　大手企業を退職後，人事の専門家として独立
① 病気（35歳），人事の関連会社へ出向（44歳），専門家として独立（53歳）
② 広範な人事労務全般の実務能力，人間関係構築力，コミュニケーション力
③ 出向などの転機を前向きに捉える。個人事業主的な視点で仕事に取り組む

事例3：柚山英樹氏　海外駐在経験を活かし，タイ現地法人社長へ
① 国内営業から海外法人への異動（36歳），別企業のタイ法人社長へ転職（55歳）
② 部品ビジネスの法人営業力，海外での幅広い業務遂行力，前向きで柔軟な考え方
③ 常に仕事に熱意と意欲をもって取り組む。人のネットワークが後のキャリアにつながる

事例4：小倉克夫氏　大手企業を57歳で退社し，充実のセカンドキャリアへ
① 休職（50歳），子会社社長への異動（54歳），キャリア支援の仕事へ（57歳）
② コミュニケーション力（カウンセリング，コーチングなど），チャレンジ精神
③ 社外のネットワークをつくる。興味ある領域にアンテナを立て，まず動いてみる

＜日本企業に転職＞

事例5：細谷健司氏　大手予備校からIT企業への転身

① 予備校の新規事業に挑戦（40歳），IT企業に転職（45歳）

② 新規事業立上げ，コミュニケーション力（説得力，巻き込み力），明朗で楽天的

③ 楽観的に考え，変化にチャレンジする。将来のキャリアプランを考える習慣をもつ

事例6：速見充男氏　内装設計のプロフェッショナルとして広告代理店で活躍

① 内装設計のフリーランス（33歳），ソニー系広告代理店へ就職（38歳）

② 内装デザインが得意な1級建築士，モノづくりへの思い入れ

③ 自分の得意技をもつ。その会社でできることを，まずやりきってみる

事例7：橋本豊氏　異なる業界の大手国内企業への転職

① 通信会社からメーカーへの転職（30歳），新規事業で欧州に駐在（42歳）

② 新規事業立上げ，技術理解力，海外展開への熱意

③ 社内で将来の希望を伝える。社外の多様な人と交流することで，自分を客観視する

事例8：大島武氏　NTTから大学教員への転身

① 大学教員への転身（33歳），全国大学実務教育協会で年間最優秀賞（40歳）

② ビジネス実務経験を活かした研究，自己表現力（プレゼンテーション，著述など）

③ 自己表現（パフォーマンス）力を向上させる。自分が得意なことに注力する

＜外資系企業に転職＞

事例9：菊地克幸氏　外資系企業からキャリア支援へ

① 外資系企業に転職（30歳），再就職支援に転身（50歳），専門家として独立（66歳）

② 達成思考の強さ，チャレンジ精神と向上心，わかりやすく伝えるコミュニケーション力

③ エンプロイアビリティー（雇用される力）を意識する。人生に無駄はない

事例10：熊沢隆氏　外資系企業に転職し，人事担当役員に昇格

① 米国駐在（32歳），外資系企業に転職（35歳），役員に昇格（53歳）

② 海外での実務経験，人事に関する広範な知識・スキル，英語コミュニケーション力

③ 機会があればチャレンジする。外資系では英語力向上のため，継続的な努力が必要

事例11：杉林陽子氏　一般職OLから外資系企業でキャリア形成

① 外資系企業の営業職へ転職（29歳），製薬企業のマーケティングへ転職（34歳）

② 営業とマーケティングの経験，英語コミュニケーション力，向上心

③ 目の前の仕事に一生懸命取り組む。仕事と家庭の両立には，完璧を求めない

事例12：山岸慎司氏　外資系企業4社でマネジメントに従事
① 経営コンサルタントに転身（35歳），外資系企業マネジメントへ（40歳）
② 結果志向のマインドセット，戦略的マーケティング力，新しい仕事への適応力と楽観性
③ 人生の主人公は自分。自分のキャリアの軸を明確にする

<ベンチャー企業に転職>

事例13：菅原敬氏　コンサルティングからベンチャー企業CFOへ
① コンサルティング会社に就職（27歳），ベンチャー企業に転職（35歳）
② プロジェクトマネジメント，システム構築と流通の深い理解，周囲を巻き込む共感力
③ 求められる以上の結果を出し続ける。3年サイクルで新しいことにチャレンジする

事例14：中村龍太氏　ITベンチャー企業で複業家を実践
① 外資系IT企業に転職（33歳），ITベンチャーに転職（49歳）
② ITリテラシー，新規領域へのチャレンジ精神，複業に挑む先進性
③ 自分のスキルを高め，客観的に評価する。複業は，まず試しに始めてみる

事例15：大田雅人氏　人気成長企業の経営企画室で活躍
① 社会人大学院へ進学（25歳），ベンチャー企業に転職（30歳）
② 戦略的思考力，経営とシステム全般の理解，プロジェクトマネジメント
③ 自分の目標を定め，自分のために努力する。経営の汎用スキルを学ぶ機会をもつとよい

事例16：久保寺正氏　複数のベンチャーで，プロティアンキャリアを追求
① 自動車メーカーを退社（27歳），最初のベンチャー企業に入社（34歳）
② 新しい事業へのチャレンジ精神，フットワークの柔軟さ，ストレス耐性
③ ビジョンや思い入れと，実践的なスキルをバランス良くもつ

<独立・起業を実現>

事例17：和田一男氏　営業コンサルタントとして独立
① 社内異動で挫折を経験（29歳），中小企業経営者支援の専門家として独立（39歳）
② 営業マネジャーとしての自信と経験，ネットワーク構築力，課題設定・問題解決力
③ 独立にはソリューション力に加え，販売力とブランド力が必要。30代までがお勧め

事例18：佐藤誠一郎氏　大手メーカーから中小企業診断士へ
① 中小企業診断士の勉強開始（44歳），中小企業診断士として独立（49歳）

② 論理的思考力，顧客ニーズ把握力，プロジェクトマネジメント

③ 将来のリスクヘッジのために，何かの準備をしていく

事例19：森本千賀子氏　転職エージェントとして独立

① NHKに出演し，出版や講演が増える（40歳頃），完全に独立（40代後半）

② 目標達成志向，人間関係構築力，セルフブランディング

③ 常に自分の市場価値を認識する。女性もすべてを手に入れる人生を目指してほしい

事例20：堀部伸二氏　ソニーから独立，キャリア教育NPO立上げ

① ソニーへ転職（28歳），デザイナーとして独立（49歳），NPO設立（52歳）

② デザイン広告宣伝の専門性，イベント運営スキル，ネットワーク構築力

③ ライフプランと挑戦とのバランスをとる。NPOには志と事業プランが必要

この章の最後に，改めてこの３点について，まとめておきたい。

まず「①主な転機」について。人事異動，病気，出向などの転機は，誰にでも起こりうる。ここで紹介した方々に共通しているのは，もし不本意な異動や出向だったとしても，自分が成長するチャンスとして，転機を前向きに捉えていたことであろう。

また，自分の将来キャリアを折りに触れて考え，転機が来たら，転職，独立，早期退職などのキャリアチェンジを主体的に実行できるように準備していた点も，多くの方に共通していた。40代に入るくらいの時期から，「人生後半のキャリアの方向性」を考え始めることが大切である。

次の「②キャリアチェンジを可能にしたトランスファラブルスキル」については，特定の業界経験や専門知識に加えて，コンピテンシー（高い成果を生み出すために，行動として安定的に発揮される能力）が軸になっている場合が多い。

先行事例の方々のトランスファラブルスキルとして抽出されたコンピテンシーは，目標達成志向，チャレンジ精神，向上心のようなマインドセットと，コミュニケーション力，人間関係構築力，プロジェクトマネジメント力のようなソフトスキルに大別される。

キャリアチェンジには，「それまでの経験を活かす場合」と「新しい仕事にチャレンジする場合」の大きく２つの方向性がある。このどちらを選択するか

で，それまでの業界経験や専門知識の活用レベルには違いがある。

　最後の「③読者へのアドバイス」については，多くの方が「目の前の仕事に一生懸命取り組み，結果を出し続ける」と話していたことが印象的である。つまり，そのときの仕事で成果を出しつつも，次のキャリアを常に考えておくことが重要である。

　そして，第1章でご紹介した『ライフ・シフト』で著者リンダ・グラットン教授が述べているように，人生100年時代のキャリアには，「正しい答」があるわけではない。「自分で選んだ道が正しい」と信じて，自分のキャリアを進んでいくことが肝要なのである。

2　キャリアビジョンの設定

　さて，ここからは自分のキャリアプランを作成していく。初めに，将来に向けての「キャリアビジョン」を設定しよう。

　キャリアビジョンの設定のために，改めて，第2章5節でご紹介した「シャインの3つの問い」と「キャリア・アンカー」に立ち戻ってみよう（図表補-1参照）。

　エドガー・シャインは，①自分にできることは何か？（能力，才能），②自分は何がやりたいのか？（動機，欲求），③自分は何をやることに価値を感じるか？（意味，価値観）の3つの要素が重なる部分が，理想的なキャリアであると唱えた。

　人生後半のキャリアを考えるに際し，この3つの問いについて自問自答することには，大きな意味がある。「①自分にできることは何か？（能力，才能）」については，もしかすると，これまでの社会人生活で，自分の能力や才能に限界を感じている面もあるかもしれない。しかし，これまでに獲得した能力・スキルを活かし，これからのチャレンジで伸ばせる能力・スキルもいろいろ考えられるのではないか。

　「②自分は何がやりたいのか？（動機，欲求）」については，今の年齢になって，改めて興味がわき，チャレンジしたい気持ちが高まる仕事が思い浮かぶか

図表補-1　シャインの３つの問い

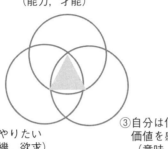

①自分にできることは何か？
（能力，才能）

②自分は何がやりたい
のか？（動機，欲求）

③自分は何をやることに
価値を感じるか？
（意味，価値観）

もしれない。

　「③自分は何をやることに価値を感じるか？（意味，価値観）」については，第２章で実施した「キャリア・アンカーの自己診断」の結果を思い出していただきたい。

　改めて，第２章で紹介した「キャリア・アンカーの種類と特徴」と「適する仕事タイプ」を再掲する。

① 専門・職能的コンピタンス（Technical/Functional competence）
　　自分が得意な専門分野や職能分野での能力発揮に満足感を覚える。 ⇒ スペシャリスト，医師・弁護士などの士業，職人

② 全般管理コンピタンス（General Managerial competence）
　　組織の責任ある地位に就き，組織の成功に貢献し，高い収入を得ることに喜びを感じる。 ⇒ ○○長，ジェネラリスト

③ 自律・独立（Autonomy/Independence）
　　組織の規制に束縛されず，自分のペースで自分が納得する仕事の進め方を優先する。 ⇒ 自営業，フリーランス

④ 保障・安定（Security/Stability）
　　安定・安全で，ゆったりとした気持ちで仕事をすることを優先する。 ⇒ 公務員，終身雇用的な企業

⑤　起業家的創造性（Entrepreneurial Creativity）

　　新しい事業を起こし，経済的に成功したいと強く意識する。 ⇒ ベンチャー起業家，クリエイター

⑥　奉仕・社会貢献（Service/Dedication to a Cause）

　　世の中を良くすることに貢献したいという欲求に基づいてキャリアを選択する。 ⇒ 公的機関，社会起業家

⑦　純粋な挑戦（Pure Challenge）

　　不可能と思われることを達成し，てごわい相手に勝つことを目標とする。 ⇒ 研究者，新規事業立上げ

⑧　生活様式（Lifestyle）

　　個人，家族，仕事のニーズのバランスをとりたい。 ⇒ ワークライフバランサー

　キャリア・アンカーには，「人は自己概念に首尾一貫性や統一性を求めようとするものである」という前提がある。そのため，一度確立されたキャリア・アンカーは，個人のキャリア全体にわたって安定し続けると想定されている。

　さて次に，キャリア・アンカーから，キャリアビジョンを考えていこう（図

図表補-2　自分にできること，やりたいこと，やらなくてもよいこと

①自分にできること	②自分がやりたいこと， ③価値を感じること	今後は縮小したり，やらなくてもよいこと
例）	例）	例）
市場調査のスキル	地域の子どもたちのために役に立ちたい	収入は○○万円あればよい
SNSを使った情報発信	好きだった広報や企画の仕事経験を活かしたい	大企業の肩書きは必ずしもいらない
人にわかりやすく教えること	若い頃やっていた登山を再びやりたい	車のグレードは落としても構わない

表補-2参照）。上記の「①自分にできること」「②自分がやりたいこと」「③価値を感じること」の重なり合う領域を考える作業である。

　それと同時に，「自分がこれまでは大切だと思ってきたが，今後は縮小したり，やらなくてもよいこと」を検討すると良い。例えば，収入は少し減っても（○○万円程度なら）よい，大企業でなくてもよい，などが考えられる。これを考えることにより，これまでの思い込みから自由になり，発想を豊かにすることができる。

　「やらなくてもよいこと」を考えるには，まず経済的にはいくらの収入が必要かを考える。これには第4章で作成した「生涯収入試算表」が役立つ。「従来の収入を維持したい」との思い込みはよくあるが，本当にその金額が必要かを確認する必要がある。

　場合により，収入が減る前提でライフスタイルを変えていかなければならない。例えば，自家用車のグレードを下げる，高価な靴や洋服は買い控える，外食を減らす，図書館利用を増やすなどの工夫である。人生後半，特に子どもが大きく育った後は，それまでの思い込みやプライドから離れることで，キャリアの選択肢を広げられる。

　次に，5年後，10年後のキャリアビジョンを描いてみよう。

〈キャリアビジョンの作成手順（図表補-3参照）〉
　①　キャリアの軸（価値観）を3行程度で記述する。
　②　10年前の状況（仕事，個人生活）を記述する。
　③　現在の状況（仕事，個人生活）を記述する。
　④　5年後の理想とする状況（仕事，個人生活）を記述する。
　⑤　10年後の理想とする状況（仕事，個人生活）を記述する。
　このワークを通じ，想定される未来と比較して，「理想の10年後」を描くことで，仕事とプライベートでの両面でのビジョンが明確になっていく。

図表補-3　5年後，10年後のキャリアビジョン

キャリアの軸（価値観）						
	10年前（　歳）		現在の状況（　歳）	5年後（　歳）		10年後（　歳）
仕事						
個人生活						

3　キャリア・ロードマップの作成

　次に，キャリア・ロードマップ（アクションプラン）を作成してみよう。

図表補-4　ロードマップの作成

何を目指すか（ビジョン，夢，目標）								
	現在の状況（　歳）	アクション（ギャップを埋めるために何をすべきか）	理想の1年後（　歳）	アクション（ギャップを埋めるために何をすべきか）	理想の2年後（　歳）	アクション（ギャップを埋めるために何をすべきか）	理想の3年後（　歳）	
仕事								
個人生活								

〈ロードマップ（アクションプラン）の作成手順（図表補-4参照）〉
　①　初めに，何を目指すか（ビジョン，夢，目標）を記述する。
　②　現在の状況（仕事，個人生活）を記述する。
　③　理想の3年後はどのようにありたいか（仕事，個人生活）を記述する。

理想の３年後は，仮説でもよい。全体の方向性，獲得すべきスキル，経験しておきたいことなどを考える。

④　現在と３年後の途中の段階として，１年後，２年後は，どのようにありたいか（仕事，個人生活）を記述する。

⑤　それぞれの年のギャップを埋めるために，何をしていくかのアクションを考える。

⑥　ここでは３年後までを書いているが，書ける場合は，もっと長期間のアクションプランを記入してもよい。

このように，夢に時間軸を与えることによって，夢が目標に変わる。1，2，3年後の時間軸で考えることで，具体的なアクションとして，目標に一歩ずつ近づくことができる。

4　キャリアチェンジ　実践編

ここでは，キャリアチェンジを将来のために準備していくためのポイントについてまとめておく。

タイムマネジメント：自分の時間をつくるコツ

キャリアチェンジの準備のためとは限らないが，忙しいビジネスパーソンにとって，自分のための時間を捻出することは重要な課題である。ここでは，長年のベストセラーであるスティーブン・R・コヴィー『7つの習慣』（キングベアー出版，2013年）の考え方を紹介する（図表補-5参照）。

図表補-5は，「時間管理のマトリクス」である。縦軸は重要度，横軸は緊急度を示す。このマトリクスのそれぞれの象限に，自分の仕事（日々のタスク）を当てはめていただきたい。

多くの人は，Ⅰ領域（緊急かつ重要である）の仕事は，最優先で時間を割くだろう。例えば，重要な顧客対応やクレーム対応，重要な会議への参加などが挙げられる。一方，本書が強調しているのは，「人生の成功は，いかにⅡ領域（緊急ではないが，重要である）に時間を使う習慣をもてるかどうかにかかっ

図表補-5　時間管理のマトリクス

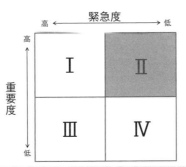

「人生の成功は，いかにⅡ領域（緊急ではないが，重要である）に時間を使う習慣をもてるかどうかにかかっている」。

出所：『7つの習慣』スティーブン・R・コヴィー

ている」ということである。

　Ⅱ領域には，「戦略や企画を考える，アイデアを練る，人材を育成する」，そして「自分の成長のために勉強する，新しい経験をする，将来のことを考える」などが含まれる。また，「家族のために時間を使う，休暇をとる」ということもⅡ領域である。皆さんはこの領域に時間を使えているだろうか。

　多くの人は，Ⅲ領域（緊急ではあるが，重要ではない）の仕事，例えば，それほど重要ではない顧客の問合せ対応，社内会議の準備，メール対応，などに追われてしまう。もっと要領が悪い人は，Ⅳ領域（重要でも緊急でもない）の仕事，例えば，意味のない会議，無駄な資料作成，必要ないメールのやりとり，どうでもよい電話，などに時間をとられている。

　ではどのようにⅡ領域に時間を使うか。例えば，毎日「やることリスト」をつくり，Ⅱ領域の仕事に優先的に取り組むとか，毎日1時間はⅡ領域に時間を確保するなどの方法がある。

　第1章でご紹介した河村幹夫氏は，商社マンとして激務をこなしながら，シャーロック・ホームズの研究者として知られた方である。河村氏の場合は，週末の時間を10時間確保すれば，年間500時間になり，かなりのことができると述べている。

　あるいは，著名な経営コンサルタントの大前研一氏は，年間計画で，先に休暇の予定を入れてしまうという。毎日の仕事でも，自分で使うⅡ領域の時間を先に確保することで，多くの著作や多彩な趣味活動が可能になっているらしい。

　皆さんも，仕事をしながら次のキャリアの準備をするには，効率の良いタイムマネジメントを実践し，自分の将来のための時間を捻出していただきたい。

副業やNPO法人の活用：低リスクで新しい仕事にチャレンジ

　最近は「副業」を認める企業も増えている。転職を考える前に，副業として別の仕事を試しに始めてみることは，転職リスクを回避しながらも，新たなビジネスにチャレンジできるというメリットがある。若手社員のみならず，定年を控えたシニア層がセカンドキャリアの準備をするうえでも副業は有効であり，今後は一般的になっていくと思われる。

　第8章の事例14でご紹介した中村龍太氏は，複業家として知られている。彼の場合は，3つの仕事のどれもが本業という意味で，「複業」の文字を使っている。最先端の働き方として，政府のヒアリングも受けたことがある。改めて，中村氏の事例を参照されたい。

　また，副業を実践・推進している西村創一朗氏は，その著書『複業の教科書』（ディスカヴァー・トゥエンティワン，2018年）の中で，「副業は，百利あって，一害なし」と述べている。西村氏は，本業である程度コアスキルを磨いた頃，転職をするよりは，副業で次のスキルを得ることが実践的であると言う。

　副業がまだ認められていない企業に勤めている場合は，NPO法人での活動をお勧めする。NPO活動の多くはボランティアなので，企業の副業禁止規定には触れない。無報酬であるが，自分の興味のある領域での活動により，仕事とは異なる経験ができ，新しいスキルを身につけ，将来につながる人的ネットワークを築くことが可能である。

　筆者らの周辺でも，例えばキャリアコンサルタントという資格を新たに取得した後，しばらくは企業に勤め続け，無報酬のNPO活動で実績を積み，その

実績と人的ネットワークをベースに数年後に転職に成功した例は多い。

　また，第9章の事例20でご紹介した堀部伸二氏は，デザイナーとしての本業のかたわら，高校生向けキャリア教育のNPOを設立し，今ではNPOが本業になっている。公的機関の補助金を受け，60歳以降の仕事としては，おそらく十分な収入を得られる理想的なセカンドキャリアを実現している。

　個人と企業が対等の関係になる時代においては，次のキャリアを考えるうえで，副業やNPO活動も将来の準備を進めるための選択肢であろう。

英語の勉強：TOEIC等の受検が必須

　将来のために，漠然と英語の勉強をしたいと思っている方は多いと思う。もし次のキャリアで英語を使う仕事をしたい場合には，英語の資格試験を受検することがアピールの早道である。一般的には，ビジネス英語資格として最も普及しているTOEICがお勧めである。多くの企業内でも，転職市場でも，TOEICの点数が評価基準として広く使われているためである。

　特に，転職を考える場合，外資系企業はもちろん，日本企業でも英語ができると有利なことが多い。履歴書にTOEICなどの点数を書けない人は，帰国子女や海外大学卒でない限り，英語ができないと見なされるので不利になる。

　次に示すのは，英語があまり得意でない人にお勧めする勉強方法である。

　まず，2～3年の間，自分の時間とお金を英語に投資する覚悟をもつ。最初の目標は，TOEIC 600点（電子メールの読み書きができるレベル）が妥当だろう。600点は，新卒大学生採用で，航空会社や大手商社など，英語を使う仕事に応募する際の足切り点である。

　600点レベルまでは，単語と文法の基礎力が不足しているので，英会話教室などに行くのは非効率である。まずは，市販のTOEICの問題集で，単語と文法をあるレベルまで引き上げることが必要である。「薄い問題集を繰り返し解く」のが良いとされる。

　次に，グローバル展開している大手企業や外資系企業の内勤部門（マーケティングなど）で仕事をしたい人は，最低700点（電話会議に参加できるレベ

ル），できれば800点（電話会議で発言できるレベル）が必要である。

　英語が苦手な人は，TOEICを定期的に受けることを目標にするのがよい。必ずしも，右肩上がりに点数が上がるわけではないが，努力に比例して実力が向上するはずである。

　英会話スクールは，基本的な単語と文法が身についた後，700点くらいになってからのほうが費用対効果が高い。英会話を安価で手軽にやりたい人は，自宅からスカイプで海外の英語ネイティブと会話するオンライン英会話がお勧めである。

　もちろん，英語が全く必要ない仕事も多いが，自分の将来のオプションを広げる意味では，ある程度の英語力は必要な時代であろう。

転職を考える前に：まず社内異動や出向を希望してみる

　キャリアコンサルティングの現場では，現在，企業や組織に就労中の方が転職を希望して来談されることも多い。理由は，会社の将来が不安，新しい職場で違うチャレンジがしたい，残業が多いなどさまざまである。しかし，実際に面談を進めていくと，転職希望の方のうち，70％程度は転職しないほうがよいのではないかと感じる。

　もちろん，各個人の職歴，年齢，希望条件などによるが，安易に転職するよりも，現在の仕事をしながら，次のようなことを試みることがお勧めである。

①　社内異動を希望する：上司や人事部に，社内で違う部署や仕事に異動する希望を話し，どうすればそれが実現できるかを確認する。可能であれば，希望部署の人に，どのような仕事で，そこで働くにはどのようなスキルが必要かを聞いてみることも有益だろう。

②　スキル転換を図る：何が必要か理解したら，社内異動が可能になるように自己研鑽する。例えば，営業からマーケティングに異動を希望する場合，少なくともマーケティング関連の書籍を読み，社会人向け大学院のマーケティング講座に通う程度の努力をする必要があるだろう。また，マーケティングでは，英語が必要なことも多いので，英語力をアピールすること

もプラス材料かもしれない。この努力は，将来，転職するとしても，希望職種で働くために必要なスキルであれば，決して無駄にはならない。

③　タイミングを待つ：上記の努力を継続し，スキルを向上させつつ社内で希望を伝え続ける。日常の業務を，会社の期待以上に行うことも大切である。そうすれば，転職しなくても，希望に近い職種に就けることも多い。どうしても希望が実現できないようなら，それから転職を考えてもよいだろう。

④　出向を希望する：先行事例でも，出向によりキャリアチェンジが図れた方が何名かいた。出向は，ある企業に在籍したまま，子会社や関連組織に（一時的に）所属して働くことである。従来の大企業では，子会社で働くことは出世コースから外れることを意味することが多く，良いイメージではなかった。しかし，最近では，事業の多様化やグローバル化にともない，ある時期に出向することで，ビジネススキルを磨き，結果として大企業の幹部に出世するケースも多く見られる。

第Ⅱ部の事例でも，多くの方が，社内異動や出向を転機として将来のキャリアを構築していた。必ずしもすぐに希望どおりになるわけではないかもしれないが，転職を考える前に，社内で声を上げてみることをお勧めする。

新しい仕事で成功するために：アンラーニングが重要

社内異動でも出向でも，もちろん転職でも，新しい仕事を始める場合には，アンラーニング（Un-learning）のスキルが重要である。アンラーニングとは，学ぶ（ラーニング）の反対で，思い込みやバイアス，自分の意識的・無意識的にもっている思考，行動パターンなどの「学習を消去する学習」を意味する。

例えば，それまで経験のなかった仕事についた場合，蓄積した考えや思考方法をアンラーニングすることが大切になる。今までの成功体験や自分の強み，思い込んでいた弱みをアンラーニングすることは，その人自身の成長において重要になる。一度，蓄積したことを忘れることにより，新たな学習に深みが出ると言われる。

　例えば，技術職の人が営業職に異動になり，最初は抵抗感があったが，何か
のきっかけで開き直り，新入社員だと思って努力した結果，自分でも気がつか
なかった営業職としての適性や面白さに気づいたというのは，よく聞く話であ
る。

　特に50歳以降，自分を変える，新たな役割を構築するという局面では，アン
ラーニングにより初めて大きな変化が可能になる。余計なプライドを捨てて，
自分自身をリセットすることが必要なのである。

5　一歩を踏み出すために

　2017年10月，ライフシフト・ジャパン株式会社という会社が設立された。第
1章でご紹介したリンダ・グラットン氏の『ライフ・シフト』に啓発された
方々が，「人生100年時代」における個人のライフデザインを支援し，1人ひと
りが自分の人生の主人公として生きることができる社会の創造を目指して，さ
まざまなサービスとコンテンツの開発に取り組んでいる会社である。

　補論の最後に，同社が提唱する「ライフシフト10か条」をご紹介したい。

図表補-6　ライフシフト10か条

❶　JUST DO IT：とにかくやってみること
❷　LEARNABILITY：どんなことからも学んでいること
❸　UNLEARNABILITY：学んだことを捨てられる勇気を持っていること
❹　SOMETHING DIFFERENT：違和感を大切にしていること
❺　UNIQUENESS：みんなと同じじゃなくても平気なこと
❻　MULTI COMMUNITY：3つ以上のコミュニティに所属していること
❼　SEAMLESS：有意義に公私混同していること
❽　SELF ASSESSMENT：自分についてよく知っていること
❾　TIME MANAGEMENT：自身の人生時間を自分でマネジメントしていること
❿　FUN TO SHIFT：人生に起きる変化を楽しんでいること

出所：ライフシフト・ジャパン株式会社ホームページ

　皆さんは，いくつYesと答えられただろうか。

　筆者らは，キャリアコンサルタントの仕事で多くの方の人生に寄り添う中で，上記の10か条に共感し，ひと言で言い換えると「キャリアは何度でもやり直しができる」と信じている。ぜひ読者の皆さんも，何歳からでもチャレンジ可能であると信じ，自分らしいキャリアを見つけて充実した人生を送っていただければと願っている。

参考文献リスト

『LIFE SHIFT（ライフ・シフト）』リンダ・グラットン他　東洋経済新報社

『the four GAFA四騎士が創り変えた世界』S,ギャロウェイ　東洋経済新報社

『伊能忠敬　日本を測量した男』童門冬二　河出文庫

『四千万歩の男　忠敬の生き方』井上ひさし　講談社文庫

『アンパンマンの遺書』やなせたかし　岩波書店

『五〇歳からの人生設計図の描き方』河村幹夫　角川書店

『51歳の左遷からすべては始まった』川渕三郎　PHP新書

『キャリアコンサルティング　理論と実際』木村周　一般社団法人雇用問題研究会

『キャリア・アンカー』エドガー・H・シャイン　白桃書房

『キャリアデザイン入門Ⅰ　基礎力編』大久保幸夫　日経文庫

『働くひとのためのキャリア・デザイン』金井壽宏　PHP新書

『サビカス　キャリア・カウンセリング理論』マーク・L・サビカス　福村出版

『その幸運は偶然ではないんです！』J.D.クランボルツ他　ダイヤモンド社

『スキルアカデミーシリーズ　ビジネススキル』全4冊　佐久間陽一郎　中央経済社

『働けるうちは働きたい人のためのキャリアの教科書』木村勝　朝日新聞出版

『本気の転職　パーフェクトガイド』森本千賀子　新星出版社

『7つの習慣』S．コヴィー他　キングベアー出版

【執筆者紹介】

菊地 克幸

㈱スキルアカデミー キャリアコンサルタント，1級キャリアコンサルティング技能士，国家資格キャリアコンサルタント，心理相談員，産業カウンセラー，ジョブカード作成アドバイザー，オフィス・キャリアステージKC代表。

キャリアコンサルティング歴21年。日米の大手電機メーカー系の合弁ファイナンス会社設立，米国の銀行系クレジット会社再建，米国自動車メーカー系クレジット会社の日本法人設立などに関わり，営業・業務・管理等に携わる。その後，キャリアチェンジをして再就職支援会社に勤務。キャリアコンサルティング事業の責任者として，就労やキャリア形成支援等を中心にキャリアコンサルティングやセミナー講師を行う。現在は独立して，学生からシニア層までを対象にキャリア形成・就労支援，シニアのセカンドライフ，学生の進路相談等に関する個別面談・就労関連講座のセミナー講師，公共職業訓練校でのキャリア支援非常勤講師やキャリアコンサルタント育成などに携わっている。早稲田大学卒業。

小倉 克夫

㈱スキルアカデミー キャリアコンサルタント，2級キャリアコンサルティング技能士，心理相談員，産業カウンセラー，オフィス・インマイライフ代表，東海大学非常勤講師，NPO法人日本キャリア・コンサルタント協会（JCCA）理事長。

大手写真メーカー入社後，同子会社のITベンチャー会社の社長を経て創業，自らの豊富な現場経験を活かし「人の心との関わり」をライフテーマとし，企業研修やセミナー講師および各種カウンセリング＆コーチングなどの活動を活発に行っている。

著書に『必ず結果を出す人の社内突破力』（翔泳社，2009年），『キャリア形成1』『キャリア形成2』（以上，東海大学出版会），『七転び八起きのキャリアデザイン』（東海教育研究所，2019年）など。早稲田大学政経学部卒業。

山岸 慎司

㈱スキルアカデミー キャリアコンサルタント，国家資格キャリアコンサルタント，オフィスぎんやんま代表。

三菱化学において新規事業分野の開発研究・企画マーケティングに従事。米国系経営戦略コンサルティング会社のアーサー・D・リトルに転じ，主に製造業の販売マーケティング戦略策定，新規事業戦略策定，組織改革，人材育成戦略策定など多数のプロジェクトに参画。その後，複数の外資系日本法人において，経営企画室長，マーケティング本部長，執行役員事業部長，代表取締役社長などのマネジメントポジションを歴任。現在は，約30年にわたる複数企業での人材マネジメント（採用・育成・トレーニングなど）の経験を活かし，国家資格キャリアコンサルタントとして，ビジネスパーソンのキャリア開発と人材育成に従事。東京大学農学系修士，ロンドン大学インペリアル校経営管理学修士（MBA）課程修了。

株式会社スキルアカデミー（URL：https://www.skillacademy.jp/）

2014年7月創業。戦略・組織・人事ソリューションカンパニー。
主な事業内容は,
① 経営に関するeブックの出版ビジネス「eブックサービス」（BtoCビジネス）
② 個人向けのスキル開発サービス「キャリアビルダー」（BtoCビジネス）
③ 働き方改革用組織・人事制度導入サービス「AI人事4.0」（BtoBビジネス）
④ 企業向け経営研修・コンサルティングサービス「タレントビルダー」（BtoBビジネス）
ミッションは,「真のプロフェッショナルを育成し, エンゲージメントの高い組織を実現する」
ことである。

40歳からの実践的キャリアデザイン
──20人の先行事例に学ぶ

2020年7月20日　第1版第1刷発行

著　者　菊　地　克　幸
　　　　小　倉　克　夫
　　　　山　岸　慎　司
発行者　山　本　　　継
発行所　㈱中　央　経　済　社
発売元　㈱中央経済グループ
　　　　パ ブ リ ッ シ ン グ

〒101-0051　東京都千代田区神田神保町1-31-2
電話　03 (3293) 3371 (編集代表)
　　　03 (3293) 3381 (営業代表)
http://www.chuokeizai.co.jp/
印刷／三英印刷㈱
製本／㈲井上製本所

© 2020
Printed in Japan

スキルアカデミーシリーズ

社会人向けビジネススクールの人気講座『ビジネススキル』が4分冊で待望の書籍化

本書の特徴

● ビジネスで頻繁に使われる16の重要スキルを一気に学習できるため、あなたの仕事力が格段にアップする

● 1つのスキルを1～2時間、スマホやPCを駆使して、スキマ時間に自己学習できるため、気軽に取り組むことができる

● QRコードを読み込むだけで、インタラクティブにオンラインで課題に解答したり、スキルアップの目標を記録できる

中央経済社